AF378043

UN AMOUR INEXPLIQUÉ

Tome II : Se reconstruire

UN AMOUR INEXPLIQUÉ

Tome II : Se reconstruire

Paulette **VALCOURT**

ISBN : 978-2-9819452-2-8

Imprimé par Amazon KDP

21 $ CA

Dépôt Légal Juin 2021

Ce livre est dédié :

À ma grande famille élargie de sang ou de cœur.

À mes enfants chéris Daphnée, Danicka, Roland-Paul et Schneider,

À mes petits-fils Allain Paul et Paul Christopher

À Catherine DAVILMA

À mes frères et sœurs

À mes amis (es)

Spécialement Irvelle LATORTUE

À toute l'équipe du G.E.M.E « Groupe Écrivain Marketing Élite » dont je suis membre !

Prologue

Résumé du tome I de « Un amour inexpliqué »

Lorsque Leïla rencontre Allan au cours d'une mission professionnelle au Burundi, elle ne s'attend pas du tout à trouver en lui l'amour de sa vie !

C'est une jeune femme séduisante, volontaire et indépendante, toujours entre deux avions, entre deux missions… Séparée du père de ses deux enfants, qui vivent à la Réunion avec leur grand-mère, Leïla est encore en cours de divorce et doit gérer la déception due à l'échec de son mariage. Elle n'est pas du tout en pleine recherche amoureuse ! Elle se consacre à son travail, en mettant toute son énergie. Mais le destin en a décidé autrement… Sa rencontre avec Allan va tout changer.

Ils deviennent d'abord amis. Puis, peu à peu, leurs relations évoluent et Allan finit par se déclarer ! De son côté, la jeune femme commence à s'éprendre de cet homme qui, pour son malheur, n'est pas libre : Allan est marié, père de famille. Et le divorce de Leïla n'est pas encore prononcé…

Malgré sa morale et ses valeurs chrétiennes, malgré son refus de vivre un adultère, l'amour est le plus fort : ils deviennent amants.

Leïla plonge alors dans les affres de la passion, amoureuse d'Allan comme elle ne l'avait, encore, jamais été ! C'est un amour inconditionnel qu'elle ressent pour lui. Elle est prête à tout lui donner, elle voit en lui le compagnon de vie qu'elle attend… Elle a beau lutter contre elle-même, elle ne peut s'empêcher d'espérer que leur amour triomphera, et qu'ils pourront, tous les deux, vivre une belle histoire.

Au Burundi, Leïla se lie avec de nombreuses personnes, dont la sœur d'Allan, Marguerite, et sa tante Patricia, qui l'accueillent comme si elle était de la famille. Le pays la séduit, elle se sent « chez elle », et tout serait parfait si ses enfants, Annie et Dave, étaient auprès d'elle, et non dans son île natale, à la Réunion ! Parfait, aussi, si Allan partageait réellement ses sentiments…

Mais elle doit se rendre à l'évidence : ce n'est pas le cas. Allan ne semble pas vouloir s'engager auprès de la jeune femme, malgré son mariage bancal qui, de son propre aveu, ne lui apporte plus aucun bonheur. Il tient à ce que leur relation reste clandestine, et ne semble pas vouloir s'affranchir de son union, même malheureuse…

Lorsqu'elle est obligée de quitter son appartement, Leïla emménage chez Marguerite et Patricia, et les deux amants ne peuvent plus se voir. Allan propose qu'ils se voient ailleurs… Où ? À l'hôtel !

La proposition est un choc pour Leïla. Une situation que la jeune femme ne peut pas accepter ! Elle attend autre chose d'un compagnon que de rares rencontres sous le sceau du secret, qu'une liaison adultère et furtive !

Mais comment se battre contre soi-même ? Comment faire entendre raison à son cœur ?

Il lui faudra bien des larmes pour parvenir, enfin, à prendre sa décision : refusant de revoir Allan dans ces conditions, elle lui annonce qu'elle met un terme à leur relation et que tout est terminé entre eux.

Nous sommes le 8 mars, jour international des droits des femmes. Et Leïla prend son destin en main ! Mais pour quel avenir ?

1 – Un retour inattendu

Leïla ouvrit son sac pour en sortir son téléphone portable, et n'attendit pas que l'annonce passe dans les micros pour mettre son Smartphone en mode « vibreur ». Ceci fait, elle le rangea, extirpa son petit miroir d'une des poches de sa sacoche, et s'examina d'un œil critique : il faisait chaud et la climatisation n'avait pas encore commencé à souffler dans la carlingue, mais elle n'avait pas transpiré. Du moins son mascara était-il bien en place, tout comme son rouge à lèvres. Le coup d'œil appréciateur d'un passager qui longeait le couloir, cherchant sa place, lui confirma qu'elle n'avait pas à rougir de son apparence.

Autour d'elle, c'était l'aimable cacophonie bien rodée des minutes avant le décollage : hommes et femmes d'affaires marchant d'un pas décidé vers le numéro de place indiqué sur leur billet, mères débordées par leurs bambins surexcités, adolescents affichant une fausse nonchalance… Le brouhaha de voix et de légers pleurs d'enfants était tranquille, serein. Leïla sourit en songeant à quel point l'ambiance était différente de celle qui avait accompagné son dernier vol : le jour et la nuit !

Elle avait quitté le Burundi dans les cris et la peur, elle y revenait sourire aux lèvres… Avec juste un soupçon d'inquiétude. Oui, elle était heureuse de revenir. Mais les cartes qu'elle avait en main allaient l'obliger à jouer serré… Et elle allait revoir Allan… À cette idée, son cœur se mit à battre un peu plus vite ; elle se morigéna, mais pouvait-elle faire taire son cœur ?

Oui, elle allait revoir Allan, après plus d'une année de séparation – mais pas de silence. Leïla devrait mettre à profit cette nouvelle mission au Burundi pour enfin, prendre une décision sur sa vie personnelle. Les enjeux étaient de taille ! Et tout était tellement compliqué !

— Excusez-moi.

Elle sursauta, leva les yeux vers l'homme qui se penchait vers elle : il avait la cinquantaine, un corps bedonnant sanglé dans un costume manifestement de confection, mais qui avait connu des jours meilleurs – et surtout, qui était dorénavant bien trop étriqué pour son propriétaire.

— Ma place est juste là, au hublot.

Leïla hocha la tête et se résigna à se lever, se glissant dans le couloir tandis que l'homme la frôlait de bien trop prêt pour aller s'asseoir. Encore un dragueur… Elle soupira à l'idée de subir plusieurs heures de vol, coincée près d'un type qui la dévorait des yeux.

En plus, il avait la chance d'avoir sa place préférée, près du hublot. Leïla s'y était prise trop tard dans sa réservation pour obtenir une bonne place, l'avion était bondé et il ne restait plus que celle-là.

Faisant contre mauvaise fortune bon cœur, elle se força à prendre l'air aimable en se réinstallant, aux côtés du monsieur en costume qui s'empressa de lui tendre la main en lui lançant :

— Honoré Parfois, enchanté.

Leïla se contenta de lui serrer la main – qu'il avait moite – et ne répondit pas à la question implicite. Courtoise, d'accord, mais elle n'avait aucune intention de laisser un inconnu lui faire la cour pendant le voyage. *J'ai déjà assez d'hommes dans ma vie qui me courent après, ça suffit comme ça !*

Oui, elle en avait même beaucoup trop pour son propre bien…

Il y avait d'abord Allan, bien sûr, toujours Allan. Malgré leur rupture, malgré l'absence et l'éloignement – et, surtout, malgré sa décision de ne plus se laisser happer par cet amour stérile ! – son ancien amant était toujours dans son cœur, prêt à la faire vibrer. La lutte permanente que la jeune femme menait contre elle-même pour ne pas retomber dans ses anciens travers était plus dure que jamais. Et il fallait que cela cesse !

Et puis, il y avait Ryan. C'était aussi pour se détacher de lui, pour prendre de la distance, que Leïla avait accepté de repartir au Burundi… Et cette nouvelle mission était également une échappatoire pour elle vis-à-vis de sa famille, cette dernière insistant pour qu'une relation entre elle et Ryan se noue, ce qu'elle ne souhaitait pas !

Elle sourit intérieurement : *est-ce que je passe ma vie à fuir les hommes qui m'aiment ? Et je ne me contente pas de les fuir, je change carrément de continent ! Est-ce la femme blessée, en moi, qui reste toujours éveillée et craint tellement de s'impliquer et d'être déçue ?*

Oui, Ryan l'aimait. Ou croyait l'aimer. Oui, Allan l'aimait. Ou croyait l'aimer. Chacun à leur manière – imparfaite, une manière qui ne lui convenait pas ; mais elle ne doutait pas un seul instant des sentiments qu'ils éprouvaient, tous les deux, pour elle.

Sans oublier Luc, un courtisan de taille, que Leïla avait bel et bien classé ! Mais elle devait lui passer un coup de fil, à son retour de mission au Burundi, car elle avait appris qu'il était malade ; il demandait à avoir des nouvelles de Leïla, comme un cadeau du ciel avant sa mort…

Et enfin, il y avait Thierry. Le retour sur la scène de ses soupirants de son ex-mari, le père de ses enfants, avait été un peu comme un coup de grâce pour Leïla. Elle se remémorait encore ce jour complètement fou où les trois hommes – quatre, en comptant Allan qui lui avait écrit – s'étaient rappelés à son bon souvenir ; oui, le même jour ! Ça aurait été ironique, si ça n'avait pas été si déroutant, voire affolant !

— Vous voyagez pour affaires ?

Leïla se tourna vers son encombrant voisin, qu'elle avait complètement oublié, plongée comme elle l'était dans ses réminiscences. Elle se rendit alors compte qu'autour d'elle, tous les voyageurs étaient bien sagement sanglés sur leur siège, et que les hôtesses passaient dans le couloir pour vérifier le harnachement réglementaire. L'avion commença à avancer, lentement, vers sa piste d'envol. Les moteurs grondaient comme des fauves qu'on s'apprêtait à lâcher dans l'arène. Leïla se hâta d'attacher sa propre ceinture avant que l'hôtesse arrive à la hauteur de sa rangée, et jeta un regard par le hublot convoité – la fenêtre que lui cachait en partie l'épaisse silhouette de son voisin, celui qui attendait toujours sa réponse avec un sourire plein d'espoir…

Mentalement, elle dit au revoir à sa patrie.

Quelques heures plus tôt à peine, elle savourait encore le parfum des magnolias et admirait les mille couleurs de son île. Elle avait serré contre son cœur sa jolie Annie, sa fille adorée, et Dave, son fils chéri qui rechignait à se laisser enlacer par sa mère. Elle avait dit adieu à sa tante Joanna, sa confidente et sa complice, à sa sœur Nick, toujours si loyale et réservée à la fois, à sa maman… Oui, elle les avait quittés, tous, le cœur un peu lourd ; pourtant heureuse, à la fois, de ce nouveau départ !

Qui aurait cru que, près d'un an après ma fuite éperdue du Burundi et la fin de ma mission, je serais de retour ? Et pourtant, elle était bien dans cet avion, et elle revenait à Bujumbura !

— Ou peut-être, insistait son voisin, est-ce un voyage d'agrément ?

Décidément, le sieur Honoré Parfois ne lâchait pas l'affaire facilement ! Leïla se tourna enfin franchement vers lui pour lui répondre, courtoisement, mais fermement :

— Je suis désolée, Monsieur, mais il vaut mieux que j'évite à tout prix de parler pendant le vol. Voyez-vous, c'est symptomatique : dès que je suis en avion et que j'ouvre la bouche, je vomis !

Leïla eut beaucoup de mal à ne pas éclater de rire devant la mine dégoûtée de son voisin, qui agita une main et se détourna aussitôt d'elle – enfin tranquille ! Qu'est-ce qu'elle n'était pas obligée d'inventer pour avoir la paix ! Leïla prenait l'avion comme d'autres prennent le bus ou le métro, cela ne lui faisait aucun effet. Mais le Seigneur lui pardonnerait sans doute son petit mensonge, n'est-ce pas ?

Elle sentit l'appareil pivoter sur son axe, pour se mettre face à la piste d'envol. Elle écouta les moteurs rugir – *les fauves sont lâchés !* – et la carlingue se mit à vibrer tandis que l'avion prenait de la vitesse. Autour d'elle, il y avait ceux qui, blasés, s'endormaient déjà ; et il y avait ceux qui agrippaient les poignées de leur fauteuil en grimaçant : comme deux camps bien distincts, chacun dans son monde.

Elle revenait au Burundi, et elle avait encore un peu de mal à y croire. Elle avait beaucoup voyagé, et parcouru de nombreux pays d'Afrique, mais le Burundi avait une place spéciale dans son cœur : dès qu'elle y avait posé le pied, elle s'y était sentie chez elle. Il y avait une étrange symbiose entre ce pays et elle… Certains lieux sont ainsi, comme s'ils étaient déjà inscrits dans nos gènes, comme si on les avait déjà parcourus avant même de n'en avoir jamais foulé le sol…

Et puis, elle y avait laissé des amies très chères, qui lui manquaient beaucoup : elle avait hâte de retrouver Marguerite et Patricia, notamment, avec lesquelles elle était restée en contact permanent pendant tous ces mois, et qu'elle allait enfin revoir ! La famille d'Allan avait été obligée de s'exiler, elle aussi, après les troubles qui avaient agité le pays. Mais ils étaient tous de retour chez eux depuis plusieurs mois, et la santé de Marguerite la préoccupait. Son amie l'avait tenue informée de ses tribulations pour retrouver le fils d'une de ses amies, qui avait disparu pendant les émeutes, et elle était fatiguée et malade… Leïla était heureuse à l'idée que, dans quelques heures à peine, elle serait auprès d'elles.

Tandis que l'avion décollait, Leïla ferma les yeux et songea à Allan, son visage flottant derrière ses paupières closes. Elle pensa aussi à Ryan, qu'elle abandonnait derrière elle à Fort-de-France. Quelle qu'en soit l'issue, ce voyage allait être un véritable tournant dans sa vie…

2 – États d'âme

Un an plus tôt

Une date symbolique : la journée internationale des droits de la femme, celle durant laquelle Leïla prit son destin en main et décida de s'extraire, définitivement, d'une relation qui ne la mènerait jamais vers ce à quoi elle avait droit, comme toute femme : le respect, le quotidien partagé avec un homme qui se souciait d'elle, le bonheur qui se construit peu à peu comme l'on bâtit les fondations d'une maison qui défiera le temps et l'usure…

Oui, Leïla savait ce qu'elle voulait, elle savait ce qu'elle méritait. Mais « le cœur a ses raisons que la raison ignore » ! Le philosophe Pascal avait énoncé une vérité très humaine, les sentiments ne font pas toujours bon ménage avec le discernement…

Presque depuis le début de leur relation, Leïla avait conscience de se fourvoyer dans une liaison qui ne mènerait à rien. Ou, du moins, qui ne pouvait la mener sur le chemin du bonheur !

Lorsqu'ils s'étaient rencontrés, Allan ne lui plaisait pas tant que ça, en fait. Et Elle avait appris assez rapidement sa situation de famille : il était marié, père de famille.

Elle se souvenait encore de cette soirée à Paris, un an plus tôt – un an, déjà ! Ils avaient passé presque toute la nuit à parler, dans la chambre de Leïla dont la porte était restée entrouverte pour ne prendre aucun risque de « dérapage », et qu'Allan sache qu'il ne se passerait rien d'inconvenant… Elle s'était livrée – émotionnellement – à lui, confiant à cet homme qui n'était alors qu'un ami ce qui pesait sur son cœur : son divorce qui n'était, alors, pas encore prononcé, ses doutes, ses souffrances… Il l'avait réconfortée, soutenue, écoutée.

Et il y avait eu ce baiser… Celui qui – avec le recul, elle s'en rendait compte à présent – avait tout changé entre eux.

Ils n'étaient devenus amants que bien plus tard, plus d'une année après : Leïla était en mission au Burundi, et elle s'était laissée aller aux doux sentiments qu'Allan provoquait désormais en elle.

Tout s'opposait à leur bonheur, elle le savait ! Allan était marié ; et, même s'il ne s'entendait plus avec sa femme et que le couple ne se côtoyait plus guère, officiellement, ils étaient toujours mari et femme. La foi profonde de Leïla s'accommodait très mal de cette « trahison », et la culpabilité, le remords venaient ajouter une complication supplémentaire à une relation qui n'était déjà pas simple du tout !

Mais il fallut à Leïla bien des luttes, bien des larmes aussi, pour prendre son courage à deux mains et rompre le lien qui les unissait.

Une rupture infiniment douloureuse, qui lui arrachait le cœur, mais qui s'avérait indispensable : c'était la seule manière, pour elle, de reconquérir sa liberté et se donner une chance de trouver le bonheur…

*
* *

La décision du 8 mars avait été mûrement réfléchie depuis le mois de décembre précédent : Allan était parti passer les fêtes en famille, laissant Leïla toute seule : son comportement l'avait alors beaucoup déçue, car il avait montré vraiment peu d'intérêt ou d'inquiétude à son égard, l'abandonnant, a priori, sans trop d'états d'âme… Il n'était revenu au Burundi qu'à la fin du mois de février, « la bouche en cœur et le cœur en bandoulière », comme le dit l'expression ! Tout semblait normal à ses yeux, et Leïla avait ressenti cruellement le manque d'importance qu'il paraissait accorder à leur relation…

Depuis son départ, elle s'était plongée dans ses réflexions. Elle avait tout le temps pour cela, et l'éloignement d'Allan lui permettait cette distance douloureuse, mais nécessaire : *est-ce qu'il m'aime vraiment ? Il sait que je suis seule, séparée de mes enfants et de ma famille en cette période de Noël qui est censée représenter la chaleur du foyer… il ne fait aucun cas de mes souffrances, de ma solitude… sans aucun signe d'attention ; pas de cadeau, même pas une carte, rien !*

Au gré des circonstances, Leïla fut obligée de déménager à ce moment-là, pour aller vivre chez sa sœur. Lorsque Allan revint au pays, il s'attendait à ce que tout recommence comme avant, sans avoir à subir de changement : il lui demanda à la retrouver à l'hôtel…

Leïla était choquée, déstabilisée, déçue. La faire venir à l'hôtel, comme une maîtresse que l'on cache, était-ce lui montrer le respect auquel elle avait droit ? Et elle s'interrogea, fouilla son cœur.

Est-ce que je suis son jouet ? Est-ce qu'il a si peu de considération pour moi ?

Leïla dut endurer seule tout cela ; il ne s'est impliqué en rien pour l'aider, la soutenir, ou même seulement l'écouter !

Aussi, à cette date fatidique du 8 mars, lorsque Allan lui proposa un rendez-vous, elle lui répondit :

— Non, je ne vais pas t'attendre dans une chambre d'hôtel. C'est hors de question !

Dans la matinée, il lui avait envoyé un message pour lui souhaiter une bonne fête, puisque c'est le jour international des droits des femmes.

Toute cette période avait été une frustration permanente. Elle pleurait toutes les nuits. Même Marguerite, la sœur d'Allan l'avait remarqué, s'inquiétant, lui demandant :

— Pourquoi es-tu comme cela ? Tu ne manges pas, tu as l'air malade, qu'est-ce qu'il t'arrive ?

Leïla ne pouvait pas lui dire la vérité, bien sûr ! Comme elle-même, Marguerite était une femme très croyante, et elle priait pour elle, pour que son fardeau s'allège, pour que son amie aille mieux…

C'était un calvaire : Leïla n'arrivait même plus à aller travailler tellement elle se sentait mal ! Elle avait la gorge nouée, elle ne parvenait plus à s'alimenter… La jeune femme avait perdu d'appétit, le sommeil, elle n'avait plus goût à rien. Elle finit par prendre son courage à deux mains pour appeler Allan, et lui annoncer :

— Écoute, je pense que je mérite mieux. Ce n'est pas ce que j'attends, il faut qu'on essaie de mettre un terme à cette histoire.

Il ne s'y attendait vraiment pas !

Depuis son retour au Burundi, dès qu'il l'appelait, elle répondait ; ils se parlaient comme si de rien n'était. Il faisait des plans, lui expliquant qu'il allait réserver une chambre d'hôtel et lui envoyer la clef par son chauffeur ; que Leïla l'y attendrait. Elle n'avait jamais dit non au départ, et il insistait, insistait… Jusqu'à ce qu'elle se rebiffe et lui réponde « Pas question ».

La décision avait été très difficile, et les larmes n'avaient pas cessé de couler… Mais ce qui l'avait le plus choquée, c'était qu'au départ, il lui avait conseillé de ne pas rester seule, et d'aller vivre avec sa sœur. Lorsque cela fut fait, il lui demanda à la rencontrer à l'hôtel et, quand elle refusa, il chercha à la convaincre en lui expliquant :

— Tu sais très bien que c'est une relation entre toi et moi, on ne peut pas s'afficher devant tout le monde. Tu es chez ma sœur, à quoi t'attendais-tu ? C'est normal qu'on ne se voie plus comme avant, la relation n'est plus la même.

Tout avait l'air si « normal », pour lui ! Si simple, logique et sans histoires !

S'il avait donné de l'importance à leur relation, il aurait trouvé une solution, puisqu'il ne pouvait plus la voir librement. En prenant le temps de réfléchir posément, Leïla en déduisit qu'il voulait trouver une échappatoire à leur liaison ; ou alors, peut-être pensait-il qu'elle allait le suivre où il voulait, qu'elle accepterait tout de lui ? Car il savait qu'elle l'aimait beaucoup…

C'est ce qui lui donna la force de prendre cette décision.

Une semaine après cet échange et son annonce à Allan de sa décision de mettre un terme à leur histoire, la situation commença à changer avec la crise politique au Burundi.

Un matin, elle se leva et trouva un mail lui indiquant qu'elle devait quitter le pays ; sa mission était terminée.

Ce n'était pas la première fois que ses employeurs la sollicitaient pour qu'elle rentre chez elle, le temps de lui affecter une autre mission. Ils avaient du travail à lui confier, que Leïla pouvait faire à distance, depuis la Martinique.

Mais, jusqu'ici, elle avait toujours refusé, non pas tant à cause de lui, mais de son attachement avec ses amis. Elle savait que le Burundi était en proie à une crise politique et économique ; déjà, des habitants prenaient les devants et s'exilaient. Elle tergiversait, retardait le moment de quitter ce pays qu'elle aimait tant, ses amies – surtout Marguerite et Patricia.

Mais elle n'avait plus le choix. La crise s'était aggravée et chaque institution rapatriait en hâte ses agents du territoire.

Lorsque Leïla avait quitté le Burundi, elle s'était bien gardée d'écrire à Allan, de lui donner spontanément des nouvelles ou de lui en demander. Allan, lui, n'avait jamais cessé de lui envoyer des messages ; lui disant même qu'à son retour chez elle, il fallait absolument qu'ils trouvent un moment pour parler, pour revenir sur leur séparation… Mais, ensuite, il n'aborda plus le sujet.

Avant son propre départ de Bujumbura, Allan était parti à Paris, et elle avait transité par cette ville en rentrant. Ils s'étaient parlé au téléphone à l'aéroport, et il l'avait invitée à venir le voir, car il était seul à la maison.

Elle avait répondu :

— Non ! Si tu voulais me voir, tu aurais dû venir me chercher à l'aéroport, ce n'est pas à moi de prendre un taxi pour venir jusqu'à toi.

— Ne le prends pas ainsi, avait-il insisté, je suis tellement occupé que je n'ai pas une minute à moi.

— Désolée, je ne viendrai pas.

Cette discussion téléphonique avait eu lieu deux semaines après sa décision du 8 mars. Elle avait pensé qu'il plaisantait ! C'était toujours la maison de sa femme, même s'ils étaient séparés…

Ce refus de venir le voir n'empêcha pas Allan de continuer à lui donner des nouvelles, très régulièrement. Un jour, il lui réclama une vidéo de sa maison ; lors de l'anniversaire de son fils, Allan lui demanda de lui envoyer un petit mot – ce qu'elle avait fait.

Allan était rentré au Burundi au mois de mai, et, sans interruption, lui avait donné des nouvelles, détaillant ses activités, l'impliquant dans sa vie… Il maintenait ainsi le lien qui les unissait, refusant – sans sembler vouloir renouer leur liaison – de la perdre.

C'était une manière détournée de la conserver auprès de lui.

3 – Larmes et pluies

La grande saison des pluies au Burundi, de mi-février à mi-mai environ, avait gonflé les eaux du lac Tanganyika. Assise à l'arrière de la voiture conduite par le chauffeur de la famille, Leïla laissait son regard se perdre dans les flots gris, piquetés par les gouttes drues qui les fouettaient inlassablement, tandis qu'ils longeaient les rives du lac.

D'habitude loquace et toujours de bonne humeur, ce matin, Tom, le chauffeur ne desserrait pas les lèvres. Il était crispé, tendu et anxieux, sa radio allumée en permanence pour capter les informations du pays et les fréquences de police. Tom avait conduit Leïla à l'ambassade pour qu'elle mette à jour ses titres de transport : son vol de retour était prévu pour le lendemain, et la panique de la population rendait les voyages très compliqués.

Le domestique était au service de la famille depuis des décennies. Et il connaissait la capitale comme sa poche : l'oreille tendue sur les fréquences de police, il évitait les quartiers où étaient signalées des émeutes pour s'engouffrer dans des rues plus sûres. Il ne restait plus que quelques kilomètres pour arriver jusqu'à la maison de Marguerite, où logeait Leïla depuis quelques semaines.

La jeune femme triturait nerveusement l'anse de son sac à main, posé sur ses genoux. Elle n'était pas d'un tempérament craintif, et peu de choses lui faisaient peur. Mais, depuis que l'armée avait pris le pouvoir au pays au cours d'un putsch chaotique, il régnait une atmosphère délétère et dangereuse dans les rues de Bujumbura. La ville, comme tout le territoire national, ressemblait à une poudrière à laquelle il suffirait d'une flamme pour tout faire exploser : des manifestations de protestations bloquaient les rues, les habitants montaient des barricades pour se protéger des forces de l'ordre qui ne faisaient pas dans la dentelle… On parlait de disparitions, de passages à tabac, d'arrestations arbitraires…

Tandis que la voiture s'engageait enfin dans le quartier résidentiel et tranquille où vivaient Marguerite et sa tante, Leïla ferma les yeux, respirant profondément pour retrouver son calme. Elle avait trouvé un mail, quelques jours plus tôt, lui enjoignant de quitter le Burundi au plus tôt et de rentrer à La Martinique. Elle avait dû obéir, à contrecœur, car elle n'avait pas envie de quitter ses amies ! Depuis, elle courait partout pour trouver un vol sur lequel il restât des places, car tout était pris d'assaut par les autochtones et les expatriés fuyant le pays. Leïla avait dû faire jouer ses relations pour obtenir une place, puis préparer ses affaires, aller chercher ses papiers…

Au moins, ça me permet d'arrêter de penser à Allan… L'étau qui lui enserrait le cœur depuis des semaines s'était, ainsi, un peu relâché. Depuis tout ce temps, Leïla était malade, malheureuse, luttant contre ses sentiments ; n'arrivant pas à se décider à rompre. Elle le savait, elle était au bord de la dépression – ou elle était en plein dedans, peut-être !

Avoir rompu avec Allan avait été une épreuve ; mais aussi, d'une certaine manière, une libération. Allan était parti à Paris, elle devait quitter le pays à son tour, et toute cette agitation lui évitait, maintenant, de ruminer, de revenir sur cette décision, de réfléchir encore et encore…

C'est tout réfléchi ! Il n'est plus temps de réfléchir, c'est terminé ! La voiture s'arrêta devant la grille de la petite maison blanche de Marguerite. Le chauffeur descendit aussitôt, pour venir lui ouvrir la portière et déployer au-dessus d'elle un grand parapluie noir. Leïla remercia Tom d'un sourire, s'empara du manche du parapluie et, d'un pas ferme, marcha vers la maison.

*
* *

— On a vu les infos, maman, ça nous fait peur !

La voix d'Annie résonnait, anxieuse et trop aiguë, dans le combiné de son téléphone. La connexion Internet, dans la maison, n'était guère stable ; pas assez, en tout cas, pour permettre un appel en visio sur Skype ou consorts. Même les réseaux téléphoniques étaient parfois interrompus régulièrement, depuis quelques jours, victimes de la saturation des lignes : les habitants se jetaient sur leur portable pour donner et recevoir des appels de leurs proches. Leïla avait de la chance, ce soir : elle avait réussi à établir la communication sans trop de problèmes.

Elle rassura sa fille de son mieux :

— Ne t'inquiète pas, ma chérie. Je prends un vol dès demain, et je serai bientôt auprès de vous. Il n'y a aucune raison de paniquer, tout est assez calme dans la capitale.

— Mais on a vu à la télé des…

Leïla n'entendit pas la suite, le réseau transformant les paroles de son aînée en crachotements indistincts.

— Annie ? Annie, tu es toujours en ligne ?

— Leïla ? Ma douce, quand arrives-tu ?

C'était Joanna, sa tante tant aimée et chérie, qui avait repris la communication. Leïla s'employa à la rassurer à son tour, lui donna les horaires de son vol, son transfert par Paris, lui expliquant la situation en l'édulcorant – Dieu lui pardonnerait sans aucun doute ce petit mensonge bienveillant, à quoi bon les inquiéter encore davantage ?

Lorsqu'elle raccrocha, Joanna était un peu tranquillisée, et Leïla avait pu parler également à son fils, Dave – qui cachait bien mieux ses angoisses que le reste de sa famille.

Fatiguée, elle s'allongea un instant sur son lit, essaya de se détendre. Dans la petite chambre d'amis que Marguerite lui avait gentiment allouée lorsqu'elle était venue vivre avec elle quelques semaines auparavant, la lumière grise du jour, qui filtrait à travers les nuages lourds de pluie, déclinait lentement par les fenêtres closes. La pluie tambourinait faiblement à la vitre, sa petite musique triste et apaisante accompagnant les flaques d'ombre qui grignotaient le parquet.

Leïla était venue vivre chez la sœur d'Allan sur les conseils de ce dernier, juste après le cambriolage dont elle avait été victime et qui l'avait obligée à quitter l'appartement qu'elle louait.

— Je ne veux pas que tu restes seule, lui avait-il dit.

Cela aurait pu passer pour de la considération, de l'inquiétude à son égard. Peut-être en était-ce, d'ailleurs ? Mais cela n'atténuait en rien la déception qu'elle avait éprouvée, ensuite, quand elle s'était rendu compte que Allan comptait bien reprendre leur liaison à son retour comme si rien ne s'était passé, organisant des rendez-vous clandestins dans des chambres d'hôtel…

Non, ce n'était pas possible… J'ai eu raison de rompre… Ça ne pouvait pas durer comme ça… Il est temps que je pense à moi, que je me libère et que je trouve un homme qui me respecte…

Mais alors, pourquoi les larmes coulaient-elles sur ses joues ? Pourquoi son cœur était-il si lourd ?

Bercée par le chant de la pluie, Leïla finit par s'endormir.

4 – Entre Ses mains

Lorsqu'elle se glissa enfin sur son siège, Leïla posa sa tête sur l'appui du fauteuil et ferma les yeux. Son souffle était court, précipité, et les battements de son cœur résonnaient douloureusement dans sa poitrine. *Mon Dieu, merci.* Elle avait échappé au pire.

Mais y avait-elle vraiment échappé ? Était-ce terminé, était-elle sauvée ?

Elle n'arrivait pas encore à s'en convaincre. Elle venait de traverser le chaos et les épisodes de violence avaient, elle le savait, marqué profondément son esprit. Il fallait qu'elle se calme, qu'elle reprenne son emprise d'elle-même. *Allons, ma fille, tu ne vas pas craquer maintenant, non ? Maintenant que le danger est passé ?*

Le vrombissement des moteurs à turbine faisait trembler la carlingue. Leïla se redressa, observant enfin ce qui l'entourait : dans l'étroit couloir entre les sièges encore à moitié vides, les gens se bousculaient, s'interpellaient, certains pleuraient. Des enfants braillaient, des mères s'énervaient… Et les trois hôtesses de l'air semblaient complètement dépassées.

Ce n'était pas du tout l'appareil confortable, imposant, qui était prévu pour le voyage, mais un modeste – et vieux –

Boeing, que les équipes techniques avaient ressorti des hangars pour permettre à tous ceux qui avaient raté le vol précédent de quitter le territoire.

L'avion était-il sûr, au moins ? *Ils ne l'auraient pas remis en circulation, sinon…* Elle essayait de se rassurer. La situation était si chaotique ! Tout était sens dessus, dessous. La jeune femme se força à ne pas laisser son esprit divaguer, se perdre dans des images catastrophiques de moteurs prenant feu en plein vol, de chute dans l'océan et autres visions de cauchemar… Et elle prit de longues inspirations, profondes, lentes, pour se calmer. Elle ne pouvait plus rien y faire, à présent. Elle était entre les mains de Dieu.

La carlingue se remplissait rapidement, car de nombreux passagers avaient raté le vol régulier, celui sur lequel Leïla était inscrite. Lorsque sa voisine, une petite femme toute maigre au visage crispé, s'installa à ses côtés, déjà les hôtesses verrouillaient les sas d'accès et la voix du commandant de bord résonnait au-dessus d'eux, dans un anglais impeccable :

« Mesdames et Messieurs, bienvenue à bord. Nous ferons tout pour que ce vol soit le plus confortable possible malgré les conditions actuelles. Le ciel sera dégagé au-dessus de la couverture nuageuse, et nous atterrirons à Paris à 23 heures, heure locale. Veuillez attacher vos ceintures ».

Déjà ? La procédure semblait très hâtive, ce dont Leïla ne se plaignait certes pas ! Le Boeing commençait dès maintenant à s'avancer sur la piste alors qu'elle était encore en train d'ajuster sa ceinture, les hôtesses passant rapidement entre les sièges pour contrôler la sécurité des passagers.

Au moins, j'ai le hublot, songea Leïla avec un peu de dérision. Lorsqu'elle avait réussi à trouver une place sur le vol régulier – celui qu'elle avait raté –, l'avion était plein comme un œuf. Elle avait dû se contenter de ce qu'il restait, soit un siège au milieu d'une rangée, tout au fond de la carlingue – ce qu'elle détestait le plus. Là, au moins, elle était dans la troisième rangée, et elle avait droit à la vue… Un petit avantage, certes modeste, mais qui lui réchauffait le cœur.

Lorsque le Boeing décolla enfin, dans le rugissement de ses moteurs, Leïla se permit alors de se détendre vraiment. *Ça y est, on est partis…*

Jusqu'au dernier moment, elle avait cru qu'ils n'y arriveraient jamais ! La journée avait été un véritable cauchemar.

Lorsque Tom était venu la chercher pour la mener à l'aéroport, il lui avait expliqué que les routes étaient bloquées et qu'ils allaient devoir prendre un itinéraire plus long.

— Mais nous arriverons à l'heure, n'est-ce pas ? s'était-elle exclamée, inquiète.

— Je ferai tout mon possible, Madame, avait répondu sombrement le chauffeur, sans s'engager plus avant.

Les adieux avec Marguerite et Patricia avaient été un crève-cœur, et il avait fallu, en plus, les écourter. Leïla s'inquiétait beaucoup pour ses deux amies, qui hésitaient à quitter le pays malgré les troubles. Patricia était tout de même une vieille dame de plus de 80 ans ; et Marguerite, si elle avait vingt ans de moins, n'était pas en très bonne santé.

— Ne t'inquiète pas pour nous, tout ira bien, lui avait assuré Marguerite en l'enlaçant.

Facile à dire ! Elles s'inquiétaient bien pour elle, non ? Très calme, Patricia l'avait embrassée en souriant :

— Dieu veillera sur nous, avait-elle ajouté.

Elle avait raison, comme d'habitude. Leïla avait vu leurs silhouettes disparaître par la vitre arrière de la voiture, tandis que le chauffeur faisait un long détour pour éviter les barricades dressées par la population civile sur la route de l'aéroport. Ils avaient roulé sans incident pendant une vingtaine de minutes et, déjà, Leïla commençait à se rassurer : ils avaient encore un peu de marge pour qu'elle puisse prendre son vol.

Il pleuvait à verse depuis l'aube, noyant ce paysage qu'elle adorait dans un flou artistique, une sorte de voile liquide qui l'empêchait d'admirer les champs rouges et ocre, les buffles placides menés par les enfants aux pieds nus qui riaient et se chamaillaient. Aujourd'hui, nulle femme revenant du marché, ses paquets sur la tête, cheminant tranquillement sur la route. Pas de jeunes gens chevauchant leur bécane et faisant la course, pas de vieillards en pleins palabres à l'ombre d'un flamboyant… Non, rien que la pluie, et la terre rouge transformée en boue.

Elle aimait tant ce pays, cette joie tranquille et sauvage, cette nature intacte !

*
* *

Leïla sentit l'odeur de brûlé avant que le cri de Tom ne la fasse sursauter :

— Attention, accrochez-vous !

Elle s'agrippa à sa ceinture, se penchant pour mieux voir par le pare-brise. Devant la limousine noire, une espèce de monticule branlant – branches, vieux meubles, cartons… – brûlait, malgré la pluie, leur barrant la route. De vagues silhouettes – des hommes ? Des femmes ? Elle n'aurait su le dire – indistinctes s'agitaient, brandissant, menaçantes, ce qui ressemblait à des armes.

Leïla serra plus fort l'accoudoir de son fauteuil. Son cœur rata un battement, puis repartit à toute allure, tambourinant douloureusement dans sa poitrine.

— Il faut qu'on passe, Tom ! s'écria-t-elle. Je vais rater mon avion !

Au moment où les mots sortirent de sa bouche, elle se traita d'idiote : Tom savait ce qu'il faisait, et rester en vie était peut-être plus important qu'être à l'heure, non ?

— Accrochez-vous, Madame ! se contenta de répéter le chauffeur.

Son calme l'impressionna. Au lieu de ralentir devant les émeutiers, Tom appuya sur l'accélérateur, tout en klaxonnant à tout va. La voiture fit une embardée et fonça vers le brasier. Leïla serra les dents, et eut à peine le temps d'adresser une prière fervente au Seigneur : déjà, la limousine s'engouffrait dans une trouée laissée libre dans la barricade improvisée. Abasourdie, elle aperçut, par la vitre de sa portière, un visage grimaçant de colère, elle entendit vaguement des cris… Mais la voiture filait, s'enfuyait, était déjà loin.

— Bravo, Tom ! le félicita Leïla, soulagée.

— On n'en a pas encore fini, Madame, rétorqua le chauffeur impassible. Gardez bien votre ceinture.

Il avait raison. Ils eurent encore à affronter trois autres barrages, et ne purent passer le dernier : Tom manœuvra en urgence pour reculer, faisant hurler les pneus sur le bitume, et ils durent faire encore un détour, interminable.

Lorsqu'ils atteignirent enfin l'aéroport, Leïla eut la sensation de se retrouver dans une scène de film – un film de guerre, en l'occurrence : ils durent montrer leurs papiers avant même de pénétrer dans le parking, tout l'édifice étant surmonté de miradors improvisés. Des groupes de personnes terrorisées erraient sans trop savoir où elles allaient ; il y avait des militaires partout, patrouillant dans et autour de l'aérodrome, armes à l'épaule. Au moins, aucun émeutier ne pouvait empêcher les avions d'atterrir ou de décoller…

Mais le sien était parti sans elle. Ils étaient arrivés trop tard.

La suite fut affreusement chaotique et bruyante : de nombreux passagers étaient dans la même situation qu'elle, et il avait fallu affréter en urgence un autre appareil.

Mais c'était fini, à présent. Elle avait couvert Tom de compliments pour son sang-froid et de remerciements pour sa dévotion ; avant de le laisser et d'embarquer dans ce Boeing au rebut qui, maintenant, l'emportait loin du danger et du chaos.

Leïla ferma les yeux, épuisée. Elle essaya de refouler son inquiétude pour Marguerite et Patricia ; elle essaya de ne pas penser à Allan – *qu'est-ce qu'il est en train de faire ? Est-ce qu'il pense à moi ?* – et se concentra sur le visage de ses enfants, de sa mère, de sa tante.

Bientôt, dans quelques heures à peine, elle pourrait tous les serrer dans ses bras.

5 – Terre natale

La mer des Caraïbes s'offrait à ses yeux, éblouissante, d'un bleu si clair, si pur, qu'il se confondait avec celui du ciel. Penchée vers son hublot, Leïla essayait de se persuader qu'elle était presque rentrée chez elle…

« Mesdames et messieurs, nous allons atterrir dans quelques minutes à Fort-de-France. La température au sol est de trente degrés, le ciel est clair et dégagé. Nous vous remercions d'avoir choisi nos lignes et vous souhaitons un agréable séjour. »

Autour de Leïla, les passagers sortaient de leur torpeur, se redressaient sur leur siège, commençaient à rassembler leurs affaires. La tentation était grande de rallumer les portables ; mais les hôtesses veillaient, passant une dernière fois dans le couloir avant d'aller s'installer, tandis que l'avion amorçait son dernier virage vers l'aéroport international d'Aimé Césaire.

La jeune femme s'étira, avant de reboucler sa ceinture.

Depuis son départ précipité de Bujumbura, elle avait eu le temps de se remettre de ses émotions. Elle s'était arrêtée à Paris, où elle devait prendre un autre vol pour la Martinique : heureusement, les péripéties de son voyage ne lui avaient pas fait rater sa correspondance !

Elle était même arrivée avec un peu d'avance, et en avait profité pour acheter quelques affaires – elle n'avait pris que le strict minimum avec elle, beaucoup de choses étaient restées au Burundi. *Comme mon cœur…*

Tandis qu'elle entrait dans une boutique de l'aéroport Charles de Gaule, son portable s'était mis à vibrer. Surprise, Leïla avait fouillé son sac à main en toute hâte. Y avait-il un problème à la maison ? Dès son arrivée en France, elle avait aussitôt appelé sa tante et sa mère, sa sœur, ses enfants, pour les rassurer sur sa situation et les informer de son heure d'arrivée sur sa terre natale.

C'était donc avec perplexité qu'elle avait regardé l'écran de son Smartphone, qui continuait à vibrer. Son cœur avait raté un battement. Souffle coupé, mains tremblantes : c'était Allan.

Arriverait-il un jour où, enfin, elle pourrait lire ses messages, répondre à ses appels, sans en être chavirée ? Pourrait-elle un jour trouver la paix de l'indifférence ?

C'est encore trop tôt, tout simplement !

Elle avait décroché, affermissant sa voix pour répondre.

— Allô ?

— Leïla ? Tu es bien arrivée à Paris ?

La voix d'Allan lui avait paru infiniment lointaine, étrangement familière – et, en même temps, presque étrangère. Elle l'avait rassuré, en lui racontant brièvement ce à quoi elle avait échappé. Il lui avait alors dit, tranquillement :

— J'espérais bien que tu atterrirais en avance. Tu as encore un peu de temps avant ton vol du retour, alors profitons-en pour nous voir, veux-tu ? Je suis seul à la maison, je t'attends !

Confiant, sûr de lui… Peut-être était-ce cette assurance qui l'avait poussée à se rebeller :

— Non ! Si tu voulais me voir, tu aurais dû venir me chercher à l'aéroport, ce n'est pas à moi de prendre un taxi pour venir jusqu'à toi.

— Ne le prends pas ainsi, avait-il insisté, je suis tellement occupé que je n'ai pas une minute à moi.

— Désolée, je ne viendrai pas.

Et elle avait mis fin à la conversation…

Non, je ne serai plus à ta disposition ! J'ai réussi à mettre un terme à cette liaison, ce n'est pas pour retomber dans mes travers !

Mais les deux heures d'attente avant d'embarquer pour Fort-de-France lui avaient paru interminables…

*
* *

Tandis qu'elle marchait vers l'escalator, Leïla pressait de plus en plus le pas, presque inconsciemment. Sa valise était lourde, le bruit des roulettes assourdissant – mêlé à cent autres cacophonies semblables, devant et derrière elle. Tout le monde se hâtait vers la sortie.

L'escalator lui paraissait aussi lent, poussif, qu'un âne récalcitrant. *Allez, plus vite !* Au-dessus d'elle, les baies vitrées du hall inondaient d'une lumière vive les êtres chers qu'elle ne pouvait pas encore voir. Nick serait là, sans aucun doute ! Peut-être aussi Annie et Dave ? Et même Joanna, sa tante ? Ou étaient-ils restés à la maison, à l'attendre ? Sa maman était âgée et fatiguée, elle était sûrement restée chez eux… Mais les autres ?

Le cœur battant un peu plus vite, Leïla parvint au sommet de l'escalator et tendit le cou.

Elle tracta derrière elle sa valise sur les dernières marches, tandis que son regard balayait la petite foule venue accueillir les voyageurs.

Pendant quelques secondes, elle se sentit affreusement déçue, ne reconnaissant personne. *Est-ce qu'ils ont décidé de ne pas venir me chercher ?*

C'était ridicule, évidemment, et la voix un peu rauque, joyeuse, de sa sœur mit fin à son inquiétude et à son attente :

— Leïla ! Je suis là !

La silhouette assez enrobée, de taille modeste, de sa sœur aînée lui apparut enfin. Nick agitait une main pour qu'elle la voie, et Leïla courut presque vers elle.

— Enfin ! Tu es rentrée !

Les deux sœurs s'enlacèrent rapidement dans une étreinte affectueuse et néanmoins réservée – Nick n'était pas de nature très expansive, mais personne ne pouvait douter de sa dévotion et de son attachement envers les siens.

— Annie et Dave ne sont pas là ? demanda Leïla, un peu contrariée.

— Ils n'ont pas pu venir avec moi, répondit Nick. Tu oublies que tes enfants suivent des études ? On est en pleine semaine, ma chère sœur, ils ont cours ! Mais tu vas les voir très vite. Bienvenue à la maison !

Et elle empoigna la valise de sa cadette, faisant demi-tour vers les parkings visiteurs de l'aéroport.

À la maison… Tandis qu'elle emboîtait le pas à Nick, Leïla frémissait d'impatience. Autour d'elle, la cohue habituelle des atterrissages – enfants criant de joie, effusions, embrassades… – l'empêchait de savourer la joie d'être de retour sur sa terre natale.

Mais, bientôt, elle put savourer pleinement ses retrouvailles avec sa patrie : assise à côté de sa sœur qui avait pris le volant de sa petite Toyota, elle admirait son « île aux fleurs », son paradis terrestre ; tandis qu'un air chaud, parfumé et iodé, pénétrait à flots dans la voiture, se glissant dans ses cheveux, dans son cœur… Elle était chez elle, enfin !

Roulant à vive allure et avalant joyeusement le bitume, le véhicule longeait la côte, offrant un panorama de choix : à leur gauche, la mer des Caraïbes aux mille reflets bleus et verts ; avec, en contrebas, ses immenses plages de sable fin, doré comme du miel, et ses cocotiers ; des hôtels se nichaient dans les anses, et de petits bateaux, de plaisance ou de pêche, oscillaient doucement dans le vent léger. À leur droite, c'étaient les terres. Collines et valons escarpés couverts de bruyères colorées et de buissons d'épineux, d'acacias fermement enracinés, maisons en bois blotties dans le secret de la végétation, et dont on n'apercevait, çà et là, que les toitures aux tuiles colorées… La Montagne Pelée s'élevait au loin, volcan au sommet presque invisible – il ne devait pas son nom à l'absence de végétation, comme on le croyait, mais à la déesse du feu, Pelé, des Amérindiens !

Le cœur de Leïla s'élançait, joyeux et chantant, à mesure que les deux sœurs approchaient de Case Pilote, le village où elles étaient nées, d'où était originaire toute la famille.

Le sable noir des plages, les élégants bâtiments officiels à la délicate architecture espagnole, les cases en pisé des pêcheurs et les maisons en bois qui s'étageaient dans les collines, sur les flancs de la Montagne Pelée… Elles y étaient presque !

Nick s'engagea dans un petit chemin bordé d'hibiscus, et la maison familiale apparut enfin à Leïla, au détour du dernier virage : tout en longueur, ses bardeaux de bois fraîchement repeints en un vert très pâle, frais et joyeux, elle n'avait pas changé d'un iota.

Et, sur la grande terrasse qui longeait toute la façade de la maison, il y avait sa famille : tandis que Nick garait la voiture à l'ombre de l'antique flamboyant qui allongeait ses branches chargées de pourpre vers le ciel d'un bleu cobalt, Leïla les vit, tous, les reconnut un à un : sa mère, frêle silhouette assise dans le fauteuil à bascule qu'elle affectionnait tant ; sa tante, Joanna, qui sortait de la cuisine, chargée d'un grand pichet de limonade ; assis sur les marches de la terrasse, ses enfants. Dave et Annie se redressèrent immédiatement, alertés par le bruit du moteur. *Dieu, qu'ils ont grandi ! Comme ils sont beaux !*

Il lui semblait qu'elle était partie un siècle. Ou quelques jours à peine. D'un seul coup, tout s'effaça – ses larmes amères précédant sa rupture d'avec Allan, cette terrible sensation de s'enfoncer, de se perdre dans le désespoir. Ses peurs, ses doutes, sa déception, ses angoisses…

Il n'y avait plus rien : ses enfants couraient vers elle en criant de joie. Elle était rentrée à la maison.

6 – Leïla retrouve sa place

Le retour sur sa terre natale, après une année d'absence, s'avéra d'abord très difficile pour Leïla. Tout d'abord, elle n'était pas partie de gaîté de cœur ! Elle avait été forcée de quitter le Burundi en catastrophe, en ayant à peine le temps de dire au revoir à ceux qui l'avaient fait se sentir chez elle dans ce pays. Et être loin d'Allan, loin de ses amies Marguerite et Patricia, lui serrait le cœur… Bien sûr, elle avait des nouvelles régulières d'eux tous ! Allan lui envoyait régulièrement des messages pour la tenir au courant de son quotidien et, si elle ne lançait jamais les conversations, elle lui répondait tout de même à chaque fois.

Elle avait aussi Patricia et Marguerite au téléphone, ou par lettre. Ses amies étaient toujours au Burundi, malgré les troubles qui embrasaient le pays, et Leïla s'inquiétait beaucoup pour elles. Elle les pressait de s'exiler quelques mois, comme beaucoup de leurs compatriotes. Après tout, elles avaient de la famille en Tanzanie, un pays frontalier, où la paix régnait et où elles pourraient y attendre tranquillement que la situation se stabilise chez elles ! Mais toutes les deux rechignaient à quitter leur maison, car beaucoup de demeures abandonnées temporairement étaient pillées, voire incendiées !

Heureusement, Tom veillait sur les deux dames âgées qui l'employaient depuis tant d'années. Mais Allan était en France pour son travail, Marguerite avait une santé assez précaire, et les risques que ses amies couraient empêchaient parfois Leïla de trouver le sommeil…

Tout comme sa propre situation la rendait incapable de rester sereine ! L'arrêt brutal de sa mission, si elle ne remettait pas en cause son contrat de travail, rendait les choses compliquées. Leïla travaillait à distance, en attendant que l'horizon s'éclaircisse, mais ce n'était pas facile.

Au stress lié à son emploi, s'ajoutait l'étrange sensation de dislocation qu'elle éprouvait : Leïla avait abandonné derrière elle presque toutes ses affaires au Burundi, et elle se sentait comme coupée en deux. Allan n'était plus là – ce qui était une bonne chose, bien sûr ; mais c'était, en même temps, si douloureux !

Heureusement, il y avait ses enfants : les retrouver était une aspiration vitale, après cette longue séparation. C'était l'occasion rêvée de renouer la relation entre eux trois…

Sa fille, notamment, avait un besoin urgent d'elle : elle suivait des études supérieures, désormais, et elle avait choisi l'administration. Or, Leïla avait une grande expérience dans l'administration, c'était même son cœur de métier ! Et elle a pu l'aider, jouer enfin son rôle de mère et de soutien.

C'était le moment ou jamais de se rapprocher d'Annie, qui devait passer deux sessions de formations distinctes, intenses, et le tout à distance : Leïla la poussait, l'encourageait, l'encadrait… Et sa fille put réussir haut la main ses deux cessions, grâce au coaching efficace de sa mère ! Tout se faisant en ligne, elle pouvait donc être vraiment à ses côtés.

C'était l'une des missions qu'elle jugeait la plus satisfaisante pour Leïla : après le divorce d'avec Thierry, le père de ses enfants, il y avait eu une cassure entre elles, tout était parti en éclats. Or, avant la séparation et le divorce, mère et fille étaient si proches ! Elles faisaient toujours tout ensemble, elles se confiaient l'une à l'autre…

Ce retour en Martinique permit ainsi à Leïla de renouer cette précieuse connivence, de consolider leur relation qui s'était, par la force des choses, distendue. Elles purent revenir sur le passé, sur ce qu'il s'était produit et ce qu'elles avaient vécu chacune de leur côté. Leïla et Annie retrouvèrent leur complicité d'antan, les confidences, l'affection profonde qui les unissait !

Dave aussi était ravi de retrouver sa mère. Il devait terminer un cycle dans ses études secondaires, et Leïla put l'épauler, le guider, être un véritable *booster* pour lui comme pour Annie : n'était-ce pas le point de départ pour réussir dans la vie ?

Plus que jamais, Leïla était convaincue que l'activité professionnelle était un tremplin dans l'existence, un marchepied vers l'autonomie et l'épanouissement personnel : il ne s'agit pas seulement de gagner « sa croûte », comme le dit l'expression ! Mais c'est une manière de se réaliser, de s'épanouir. Elle-même avait beaucoup investi dans sa carrière, et elle envisageait à présent de développer, en parallèle, une activité indépendante.

C'est pourquoi accompagner ses enfants vers la réussite dans leurs études était si important pour elle : elle voulait leur donner des armes pour leur futur, de quoi se battre et se réaliser.

Et elle était heureuse de pouvoir s'investir autant auprès d'eux : cela lui faisait un peu oublier sa peine, la mettait à distance…

*
* *

Car, durant les premières semaines après son retour en Martinique, Leïla dut se réadapter, se réapproprier sa vie. Ce qui était, en fait, très difficile : elle revenait chez elle après un échec amoureux intensément douloureux, dont elle n'arrivait pas à se remettre. Faire le deuil d'Allan s'avérait bien plus dur que ce qu'elle croyait !

Depuis son départ du Burundi, elle se sentait tel un puzzle, dont on aurait éparpillé les pièces un peu partout… Elle était à moitié quelque part, en partie nulle part… Comment réunifier le tout, en faire un ensemble cohérent ? Avoir enfin pris la décision de rompre avec Allan, avec l'homme qu'elle aimait, au fond, avec toujours autant de force, était une véritable épreuve.

Mais l'amour de ses enfants a comblé cette douleur, et a sauvé Leïla de la dépression. Car la souffrance était toujours là, tapie, bien au chaud, au fond de son cœur. Sans ses proches, Leïla était persuadée qu'elle se serait fait engloutir dans cette terrible sensation de manque, de perte, de deuil…

Épauler Annie et Dave, renouer avec eux, retrouver la complicité d'antan et être enfin le soutien qu'elle voulait être pour ses enfants : tout cela lui permit de tenir à distance le spectre de la souffrance.

Et Annie et Dave n'étaient pas la seule chose positive sur laquelle elle pouvait s'appuyer ! Après une année d'éloignement, toute sa famille était intensément soulagée de la savoir à nouveau près d'eux. Lorsque les troubles avaient éclaté au Burundi, ils avaient tous passé des semaines entières dans l'angoisse, écoutant en boucle les informations internationales, guettant ses messages, priant, espérant…

D'ailleurs, même sans parler des émeutes et de l'instabilité politique de son pays d'exil, sa famille vivait très mal cette mission lointaine. Son absence leur avait paru presque intolérable, beaucoup d'entre eux n'avaient pas vraiment accepté qu'elle parte s'installer si loin, malgré ses propos rassurants et tout ce qu'elle avait pu leur dire pour les réconforter ! L'un de ses frères, par exemple, qui ne vivait pas en Martinique, avait été particulièrement stressé par la situation : il était apaisé de la savoir revenue à la maison, il s'inquiétait tellement pour elle !

Le soulagement et l'affection des siens étaient un véritable baume, un réconfort pour l'âme blessée de Leïla, qui y puisait le réconfort et la force de pouvoir avancer.

Leïla se rendait régulièrement chez sa sœur, Nick, qui vivait un peu à l'écart du village, à quelques minutes à peine de la maison familiale. La cadette apportait, parfois, quelques pâtisseries pour les déguster avec son aînée, à l'heure du café. Nick avait un faible pour le « gâteau Robinson », que Leïla réussissait à la perfection : c'était une pâtisserie typique de la Martinique, une pâte brisée tapissée de confiture de banane, puis de confiture de coco, le tout surmonté d'une délicieuse pâte à base d'œufs, de beurre, de zestes de citron et de muscade… Un véritable délice, qu'elles dégustaient de conserve avec une gourmandise assumée !

Toutes les deux installées à l'ombre de la petite terrasse, elles goûtaient – en plus du gâteau ! – leur complicité retrouvée ; en admirant les palmiers, en contrebas, osciller dans la brise marine, les mille et un reflets chatoyants de la mer des Caraïbes... Le petit jardin de Nick était soigné, agrémenté des fleurs éclatantes qui avaient donné son surnom à l'île de la Martinique : l'enivrant frangipanier, l'éblouissant flamboyant, le tulipier, l'hibiscus, le bougainvillier... s'y côtoyaient dans une féerie de couleurs et de parfums.

Un décor de rêve pour prendre le temps de parler, de se retrouver...

Même si elles évitaient, toutes les deux, toute discussion sur Allan, il n'en restait pas moins que Nick était toujours là pour la réconforter, pour la soutenir, et cela allégeait d'autant sa peine. Leïla savait parfaitement que Nick avait fortement désapprouvé sa relation adultère ; elle n'était pas du genre à mâcher ses mots ni à cacher ses pensées. Mais elle aimait profondément Leïla, et elle ne voulait pas lui faire de la peine... Aussi préféraient-elles, l'une et l'autre, ne pas aborder le sujet, tout simplement !

Entourée de l'amour des siens, Leïla entamait sa reconstruction intérieure. Et elle avait une arme supplémentaire pour passer ce cap douloureux : son ambition professionnelle.

7 – Repousser les ombres

Leïla ouvrit brusquement les yeux, le cœur battant à tout rompre. Pendant quelques secondes, elle fut complètement perdue, désorientée. Où était-elle ?

Puis, par la pâle lueur de la lune qui filtrait à travers les persiennes, elle reconnut son environnement familier, la chambre qu'elle occupait dans la maison de sa maman et de sa tante : le fauteuil à bascule dans un coin d'ombre, surchargé des vêtements qu'elle n'avait pas encore rangés au moment de se coucher ; le tapis en bambou sur le plancher, au pied de son lit ; l'armoire en bois blanc où elle rangeait ses affaires ; la coiffeuse, délicate et raffinée, que son père lui avait faite de ses mains et lui avait offerte quand elle était encore jeune fille…

Leïla se redressa dans son lit, tandis que son cœur retrouvait son rythme habituel. Qu'est-ce qui l'avait réveillée ainsi ?

Elle avait eu beaucoup de mal à s'endormir, comme c'était souvent le cas depuis des mois – depuis sa sombre période de dépression, avant sa rupture, alors qu'elle pouvait à peine manger et parler. Trouver le sommeil était encore difficile, tant ses pensées tournoyaient dans sa tête, ne la laissant pas un seul instant en repos…

Tant qu'elle était éveillée et active, tant qu'elle se consacrait à ses enfants, à ses proches, à ses activités professionnelles… Elle parvenait à les faire taire ; ou, du moins, à ne pas les écouter.

Mais, quand elle se retrouvait seule dans son lit, dans le silence de la maison, face à elle-même et sans rien pour l'en distraire, ses pensées revenaient en force, insistantes, tournant en boucle : le visage d'Allan, son rire, ses grandes mains qui savaient se faire si douces… *Est-ce que j'arriverai jamais à tourner la page ?*

Ce soir, comme presque tous les autres soirs, Leïla avait attendu pendant des heures que ses pensées, que ses réminiscences s'apaisent, que sa fatigue prenne le pas sur elles. Et il lui avait fallu des heures pour trouver enfin le sommeil.

Un coup d'œil sur son réveil lui apprit qu'il était à peine trois heures du matin. Elle fit un rapide calcul mental et soupira profondément, découragée : elle n'avait dormi que deux heures. Elle allait être épuisée le lendemain, si elle ne parvenait pas à se rendormir ! La jeune femme se rallongea, s'enveloppant dans ses draps, bien décidée à s'obliger à replonger entre les bras de Morphée…

Un choc sourd sur la terrasse, juste devant la porte-fenêtre de sa chambre, la fit sursauter. *Allons bon ! Qu'est-ce qu'il se passe, encore ?*

Leïla se décida à se lever, alla jusqu'à sa fenêtre dont elle ouvrit la guillotine, poussa le battant des volets. Une bourrasque soudaine faillit rabattre violemment les persiennes sur son nez ! Avec un cri de surprise, elle ouvrit grand les volets : le ciel sombre était tourmenté de nuées rougeâtres, et un vent de plus en plus fort s'était levé, malmenant les cimes des arbres, faisant tomber les objets qu'il trouvait sur son passage… C'était la chute d'une petite table pliante qui l'avait fait sursauter et l'avait alertée.

Un ouragan ? Leïla referma les volets, inquiète. On était en plein dans la saison propice aux cyclones et aux tempêtes : de juillet à octobre, ce qu'on appelait ici « l'hivernage », ou saison des pluies, était l'époque la plus chaude, celle des averses intermittentes, mais aussi des ouragans ! Les insulaires avaient particulièrement gardé en mémoire l'un des derniers en date, celui qui avait provoqué la mort de près de quatre cents personnes rien qu'à Fort-de-France, détruisant l'hôpital et le camp militaire au passage !

Bien sûr, la plupart des tempêtes s'abattant sur l'île n'étaient pas aussi meurtrières et dévastatrices… Aucune alerte n'avait été donnée aux informations, cela ne devait être qu'une perturbation passagère…

Inquiète malgré tout, Leïla décida de faire le tour des fenêtres et des volets, pour s'assurer que tout était bien fermé et sécurisé. Elle s'enveloppa dans un grand châle et, pieds nus, sortit dans le couloir silencieux. Au-dehors, le vent soufflait en rafales sporadiques, mais tous les habitants de la maison – à part elle ! – semblaient dormir profondément, nullement dérangés par le vacarme.

Tout doucement, la jeune femme ouvrit la porte de la chambre d'Annie, plongée dans l'obscurité. Sa fille était en plein sommeil ; sa mère se contenta de vérifier si sa porte-fenêtre était bien close, tout comme ses volets ; et elle ressortit sans faire de bruit, silencieuse comme une ombre… Leïla réitéra l'opération dans les chambres de Dave, de

Joanna et de sa maman, puis inspecta les fermetures de la cuisine et du salon.

Un peu rassérénée, elle hésita sur le seuil du couloir. Il était presque 4 heures du matin, mais elle n'avait plus aucune envie de dormir ! Dans deux heures à peine, sa mère allait se réveiller – c'était un peu le réveille-matin de la maison, elle se levait toujours aux aurores ! –, puis sa tante et ses enfants… À quoi bon se recoucher ? Leïla savait déjà qu'elle ne parviendrait jamais à se rendormir…

En soupirant, elle revint vers la cuisine, et mit de l'eau dans la bouilloire pour se préparer un thé. Elle laissa les feuilles infuser, et se rendit au salon : sur la grande table qui accueillait toute la famille lors des repas, se trouvait encore son ordinateur portable, éteint, clapet fermé. Elle l'y avait laissé après avoir travaillé encore un peu après le dîner. *Après tout, puisque j'ai le temps…*

Pourquoi ne pas s'y remettre ? Elle avait la maison pour elle toute seule ; le silence – ou le « presque silence », nonobstant les rafales ! Autant mettre ces heures perdues à profit !

Elle ouvrit l'ordinateur et l'alluma ; en attendant qu'il soit prêt, elle alla chercher son thé, qui avait assez infusé. Elle y ajouta une cuillérée de miel et une pincée de cannelle, et ramena sa tasse fumante et odorante au salon, où elle s'installa face à l'ordinateur. *Pourvu que le réseau ne soit pas tombé !*

Lors des tempêtes, il arrivait fréquemment que la connexion Internet et le réseau télécoms ne soient plus opérationnels, parfois pendant des heures entières… Une plaie pour elle, qui travaillait depuis chez elle ; tout comme pour ses enfants, qui pestaient de ne plus avoir accès à leurs cours !

Ouf, ça fonctionne… Leïla se mit à surfer, reprenant là où elle en était avant d'aller se coucher.

Depuis son retour chez elle, elle avait décidé de monter, en même temps qu'elle assurait son activité salariée, une entreprise personnelle dans laquelle elle pourrait s'investir. Elle avait choisi d'ouvrir un cabinet de gestion administrative, destinée aux entreprises, forte de ses longues années d'expérience dans ce domaine et de sa formation initiale.

Depuis son île aux fleurs, dans le cocon de sa maison familiale, et tout en menant de front son travail, le soutien actif à ses enfants durant leurs études, Leïla devenait une *business woman* ! Elle avait créé son statut, travaillé longuement sur son offre de service, étudié la concurrence, fait elle-même une étude de marché… Un boulot énorme, un véritable travail de titan qu'elle accomplissait avec joie… Une espèce de joie féroce qui éloignait les ombres de son cœur : Leïla avait la rage de réussir, de s'accomplir. Il lui fallait absolument faire quelque chose, plonger entièrement dans des activités passionnantes pour oublier sa situation !

Tenir la souffrance et la déception à distance passait par un investissement total dans les missions qu'elle s'était assignée. Ses enfants avaient la priorité, bien sûr, et elle s'acquittait très sérieusement de son rôle de guide et de soutien auprès d'eux.

Mais il lui fallait aussi un vrai projet, personnel et professionnel ; quelque chose dans laquelle elle pourrait investir toute cette énergie, ce dynamisme qui la caractérisait. Leïla était une femme forte, indépendante, volontaire.

En créant son entreprise, elle renouait avec celle qu'elle était vraiment ; elle s'écartait de la Leïla perdue et infiniment triste, qui pleurait son amour perdu…

Oui, elle avait besoin de se rappeler qui elle était vraiment : elle était faite pour réussir, pour s'accomplir. Ses aléas amoureux avaient enfoui, durant de longs mois, cette force intérieure qu'elle possédait, cette capacité à se battre, cette puissance de travail. L'éloignement nécessaire avec Allan devait lui servir de tremplin, pas la faire plonger de nouveau !

Elle était en train de monter son site Web, en travaillant avec un technicien spécialisé, qui résidait aux États-Unis : ils avaient établi ensemble le cahier des charges, et l'infographiste lui avait envoyé, la veille, les premières esquisses des pages de son futur site. Leïla avait passé beaucoup de temps à travailler sur le logo, et elle était plutôt satisfaite du résultat : il était à son image, dynamique, généreuse, pleine de vie !

Tandis que, autour d'elle, ses proches étaient plongés dans un sommeil réparateur ; tandis que, derrière les volets clos, la tempête s'apaisait peu à peu et que, une à une, les étoiles faiblissaient dans le ciel d'un bleu sombre qui pâlissait à l'approche de l'aube, Leïla repoussait ses propres ombres.

8 – Les nouvelles (1)

Lettre de Marguerite à Leïla

« *B*onjour ma chère amie,
J'espère que cette lettre te trouvera en bonne forme, et que tu peux goûter sereinement à la joie de t'occuper enfin de tes enfants, de toute ta famille. Est-ce que tu as réussi à créer ton entreprise, ce projet dont tu me parlais dans ton dernier message ?

J'ai vu aux informations internationales que la Martinique semble avoir été épargnée par les ouragans cette année ; ils n'ont parlé que d'une "petite" tempête qui n'a pas fait de gros dégâts matériels, et aucune victime. Dieu veuille que cela continue ainsi durant toute la saison "dangereuse" ! Je prie souvent pour toi et les tiens, le soir, et je n'oublie pas de Lui demander que vous restiez tous en sécurité…

En sécurité, malheureusement, nous ne le sommes pas au pays. Le coup d'État militaire qui a plongé le Burundi dans le chaos et a provoqué la colère d'une bonne partie de la population n'a pas abouti à une impasse, comme nous l'espérions tous : ils sont toujours au pouvoir, et la rage du peuple ne faiblit pas.

Allan est toujours en France, comme tu le sais — il m'a dit que vous échangiez régulièrement des nouvelles, tous les deux — et il nous presse de partir au plus vite, Patricia et moi. L'une des grandes tantes de ma mère, Léopoldine, s'est installée en Tanzanie depuis plus de trente ans, et elle y possède une grande maison, dans laquelle elle est toute prête à nous accueillir. J'aime beaucoup Léopoldine et sa famille, et j'ai apprécié chacun des séjours que nous avons faits là-bas. La Tanzanie est un pays magnifique, passionnant, et en paix ! Je sais que nous y serions reçues à bras ouverts, aussi longtemps que nécessaire.

Mais, tu le sais, nous craignons de laisser la maison sans surveillance. Tom, en fidèle employé modèle, est prêt à la surveiller pour nous, à vérifier que personne ne la dégrade ni ne vienne s'emparer de nos biens ; mais il vit à l'autre bout de la ville, et il a lui-même sa propre famille à protéger ! Qui sait si, d'ailleurs, il ne sera pas obligé de quitter le territoire, à son tour ?

De plus, je me retrouve impliquée dans une histoire assez complexe, et je me dois d'être présente pour ceux qui en ont besoin. Tu connais mon investissement dans notre église de quartier ; tu m'as fréquemment accompagnée à l'Église du Bon Berger, pour les distributions de repas aux plus démunis et les groupes de prières. J'ai une amie qui fréquente également cette congrégation, et qui y est aussi active que moi : Monique est un peu plus jeune que moi, et, depuis la mort de son époux il y a une dizaine d'années, elle élève seule ses trois enfants. C'est une femme courageuse, dynamique et généreuse, qui m'a toujours soutenue et aidée. J'ai apporté ma contribution, moi aussi, lorsque l'aîné de ses garçons est décédé il y a deux ans dans un accident de voiture. Ce drame l'a fortement ébranlée, bien sûr, mais la prière et le soutien de ses amis l'ont beaucoup aidée à continuer à vivre, et à s'occuper de ses deux autres enfants.

Monique a une adorable petite fille, Gemma, un vrai rayon de soleil ! Et un garçon adolescent, Christian, que tout le monde surnomme Chris : il a 17 ans et, jusqu'à la mort de son frère, c'était un amour de jeune garçon. Mais il a un peu mal tourné après le drame. Monique a mis plusieurs mois avant d'être capable, à nouveau, de mener une vie normale, et de prendre en charge l'éducation de Chris et de Gemma. En attendant de remonter la pente, et sur mes avis, elle avait confié ses deux cadets à l'une des sœurs de son défunt mari.

Comme je m'en veux de lui avoir donné ce conseil ! Je ne connaissais pas Thérèse, cette fameuse belle-sœur, mais il me semblait qu'étant mère elle-même, et parente directe des deux enfants, elle serait la mieux placée pour s'en occuper, le temps que Monique retrouve le chemin de la paix de l'âme…

Or, mal m'en a pris ! Patricia a beau me répéter que je ne suis en rien responsable de la situation, je m'en sens malgré tout fautive… Thérèse devait cumuler plusieurs emplois pour faire vivre les siens, et ne surveillait pas assez les enfants. Pour Gemma, il n'y a pas eu de problème. Mais il n'en a pas été de même pour son frère : livré à lui-même, le jeune Chris a eu de mauvaises fréquentations. Oh, rien de dramatique : quelques chapardages, de l'absentéisme scolaire, des remontrances de ses professeurs sur son manque d'attention et ses notes décevantes… Jusqu'à ce qu'il se retrouve au poste de police pour une histoire de vol.

Alertée, Monique a aussitôt repris son fils — et sa fille — chez elle. Mais elle n'était pas prête, pas encore. Je venais la voir tous les jours, pour lui apporter un peu de réconfort et l'aider au quotidien. Faire les courses, surveiller les devoirs des enfants, ce genre de choses. Chris m'aimait bien, mais il se méfie un peu de moi depuis son retour chez lui, il me considère comme une sorte de "garde-chiourme" qui l'empêche d'aller voir librement ses copains et faire ce qu'il veut !

Je n'ai pas l'habitude des adolescents. Je n'ai jamais eu d'enfants moi-même ; ce n'est pas facile, pour moi, de savoir comment me comporter avec eux. Peut-être me suis-je montrée trop sévère ? Il y a deux jours, je lui avais interdit de sortir avec ses copains après les cours et de rentrer directement à la maison. Les rues ne sont pas sûres en ce moment, et il a besoin de travailler pour obtenir de meilleurs résultats scolaires.

Monique m'a appelée, le soir même, affolée : il était 21 heures et Chris n'était pas rentré. Je suis aussitôt allée chez eux — sa maison n'est pas très éloignée de la nôtre — pour la soutenir, et nous avons contacté les parents de ses amis, puis les hôpitaux, et enfin les centres de police de la ville… Ça nous a pris toute la nuit, et en vain !

Le seul indice que nous ayons obtenu — et il n'est guère encourageant — est venu de l'un de ses copains, avec qui il avait passé plusieurs heures après l'école, à traîner dans le quartier, malgré mes ordres. Après que ses parents aient lutté pour qu'il passe aux aveux, le gamin nous a raconté, à Monique et à moi-même, qu'ils étaient une petite bande et qu'ils avaient participé à une manifestation en centre-ville. Les gens protestaient contre le coup d'État, mais tu sais comme sont les adolescents, ils voulaient juste s'amuser et se faire peur en frôlant le danger !

Tout avait commencé calmement, mais, comme cela arrive très souvent, le rassemblement a vite dégénéré. Les militaires sont intervenus, ils ont sorti les canons à eau pour disperser les manifestants, ça a été la cohue… L'adolescent a perdu de vue Chris et ses copains, et il a fini par rentrer chez lui, sans savoir ce qu'ils étaient devenus…

Tu t'en doutes, nous sommes mortes d'inquiétude ! Nous n'avons aucune nouvelle du petit, qui semble s'être, littéralement, envolé dans la nature ! Monique est encore très fragile psychologiquement, et je sens qu'elle peut replonger dans sa dépression à tout moment. Je fais ce que je peux en m'occupant de Gemma, en veillant sur elle et la maison, mais nous ne savons pas où chercher, quelles démarches effectuer…

À l'Église du Bon Berger, en discutant avec d'autres membres de la congrégation, je me suis rendu compte que notre cas n'était pas isolé : plusieurs familles sont en pleine panique suite à des disparitions inquiétantes de l'un de leurs proches, souvent après l'une de ces manifestations. Est-ce que Chris a été embarqué de force par les soldats ? Est-il en prison ? Ou, pire encore, blessé ?

Cette angoisse me mine presque autant qu'elle affecte Monique. Je ne suis plus toute jeune, et ma santé se dégrade rapidement. Je suis très fatiguée, me lever chaque matin est devenu presque un calvaire ! Ma tante Patricia s'inquiète beaucoup pour moi. Aussi, je tente de cacher mon malaise : elle est elle-même âgée et fragile… Je n'ai rien dit à Allan, il se démènerait pour me convaincre de quitter le pays et d'aller me réfugier, avec Patricia, chez Léopoldine. Aussi je te demande, ma chère amie, de ne rien lui dire de ton côté sur ce qui m'accable : comment pourrais-je abandonner mon amie, Monique, dans cette situation ?

Je me sens affreusement coupable. Coupable de mettre Patricia en danger en m'obstinant à rester au Burundi ; coupable de mentir à mon neveu, Allan ; coupable d'être, en partie, responsable de la disparition de Chris…

Je prie avec ferveur pour que nous retrouvions rapidement cet enfant, et que je puisse mettre ma tante à l'abri, l'esprit en paix ! Et je prie pour toi aussi, ma chère amie.

Donne-moi de tes nouvelles, je te prie. Et ne t'inquiète pas pour moi. Dieu veillera sur nous.

Marguerite. »

9 – Cet amour-là…

Tout le monde a besoin d'amour. Tous, sans exception, nous voulons aimer et être aimés… C'est une quête universelle, profonde et ardente. Mais, dans notre recherche, durant nos tentatives pour trouver cet accord parfait, nombreux sont ceux qui chutent, qui trébuchent, qui essuient des défaites, des déceptions, des trahisons…

Or, les déceptions provoquent de véritables brûlures à l'âme. On dit que l'on peut mourir d'un cœur brisé, et c'est vrai ! Plus l'intensité du sentiment que nous éprouvons nous emporte, plus dure sera la chute lorsque nous donnons notre cœur et notre âme à une personne qui ne peut, ou ne veut, nous rendre cet amour…

Est-ce à dire qu'il faut arrêter de chercher ? Que la quête est inutile, car trop dangereuse ? Non, bien sûr ! Car, même si les chemins que nous empruntons sont parfois semés d'embûches et nous font souffrir, l'amour n'est jamais stérile. Et il faut avoir la foi, la force de continuer !

Leïla avait été littéralement accablée par sa peine. C'était comme si elle était devenue un puzzle, dont il était impossible de réunir les pièces pour en faire un tout cohérent. L'intensité de ses sentiments pour Allan était telle que, lorsqu'elle avait été obligée de renoncer à lui, lorsqu'elle n'avait plus eu d'autre choix, elle s'était comme… disloquée de l'intérieur.

Un œil extérieur, totalement étranger à cette histoire d'amour inattendu, pourrait songer que ce n'était là qu'un aléa de parcours comme on en vit tous, malheureusement, si souvent… Et qu'après tout, comme le dit le vieux dicton, « Comme on fait son lit, on se couche ». Allan était marié et père de famille lorsque Leïla l'avait rencontré, n'est-ce pas ? Elle connaissait sa situation, elle savait…

Mais ce serait faire preuve de bien peu de connaissance de l'âme humaine, et ignorer la puissance des sentiments humains, que de se contenter de ce raisonnement !

On ne dit pas « s'élever amoureux », mais bien « tomber amoureux » pour une bonne raison : l'émotion n'est pas un choix, elle s'impose à nous, elle nous envahit, qu'on le veuille ou non… Et la jeune femme avait vaillamment résisté, pendant de longues semaines, avant de se laisser aller à l'intensité de son sentiment pour Allan !

Il lui a fallu beaucoup de force et de courage pour mettre un terme à cette relation, lorsqu'elle s'est rendu compte que cet homme, qu'elle aimait profondément, ne lui apporterait jamais la considération, l'attention… l'amour, enfin, auquel elle avait droit !

Non, il lui était impossible de s'offrir cet amour-là. Dès le départ, il n'y avait aucune garantie sur cette relation, c'était même tout le contraire. Allan lui avait assuré qu'il vivait séparé de sa femme. Il y avait beaucoup plus de bons souvenirs entre eux quand ils étaient des amis que dans leur mariage, et plusieurs sources d'information attestent qu'elle n'avait pas été vraiment fidèle, qu'elle ne le respectait pas…

Dans ces conditions, Leïla pouvait légitimement espérer que son amoureux se libérerait d'une union qui, à ses dires, ne lui convenait plus et ne lui apportait pas ce dont il avait besoin.

Quelle était la part d'honnêteté dans tout cela ? Quel était l'objectif réel d'Allan lorsqu'ils avaient entamé leur relation amoureuse ; lorsque, d'amis, ils étaient devenus amants ? Allan le savait-il lui-même ?

Il avait bien fallu à Leïla se rendre à l'évidence : il ne la considérait pas assez pour être autre chose que sa maîtresse, et même pas une maîtresse ! Lorsqu'il lui proposa, à son retour au Burundi, de la rencontrer dans une chambre d'hôtel, quelque chose se brisa en elle… Depuis des mois, elle souffrait. De son absence, de sa mauvaise conscience, dans sa foi chrétienne qui était heurtée par cet adultère… Elle était, véritablement, en lutte contre elle-même. Elle ne mangeait plus, elle ne dormait plus ! La douleur avait fini par prendre le dessus, ce qui provoqua la décision de rompre avec lui et acheva le processus : cette douleur, elle ne l'avait jamais ressentie à ce point ! De toute sa vie, Leïla n'avait jamais vécu une telle épreuve, une telle souffrance…

Comment, dans ces conditions, pouvait-elle espérer guérir, se reconstruire ? L'amour de Dieu, et l'amour des siens la sauvèrent du désespoir.

Oui, ce fut sa foi chrétienne, sa conviction en l'Amour – avec un grand a ! – qui lui a permis de pouvoir tenir, de ne pas sombrer, et de surmonter sa déception.

Car, malgré tout, elle refusait de dire non : non à l'espoir, aux projets, non à l'envie de refaire sa vie ! Sa foi la poussait à croire en un avenir meilleur, à la réalisation de ses rêves.

Quand Dieu ferme une porte, c'est que cette issue n'était pas la bonne, qu'il faut prendre une autre voie… Bien sûr, il est parfois très douloureux de renoncer, surtout quand on aime à ce point ! Mais la vraie force d'âme n'est-elle pas la résilience ? La capacité à aller de l'avant, malgré tout ?

De toutes ses forces, elle y croyait encore : Leïla se voyait cheminer dans l'existence aux côtés d'un homme qui était fait pour elle. Elle voulait partager des valeurs communes, élaborer un avenir à deux. Oui, elle voulait rencontrer un *alter ego*, une personne digne d'elle, qui la considère comme sa compagne de vie…

C'était là tout le drame de sa situation : malgré la stabilité qui était bien ancrée au fond d'elle-même, malgré sa conviction profonde que l'amour n'était pas un leurre et qu'elle y avait droit, cette incompatibilité avec Allan déclenchait son désespoir. Dès le départ, sa question était la suivante : peut-on construire une relation amoureuse ensemble ? Vivre l'idylle de sa vie ?

La réponse était non ! Et le plus décourageant était bien le fait de ne pas pouvoir parvenir à cette concrétisation. Car, malgré tout, elle l'aimait. Et elle continuait à croire en l'amour, à la sincérité et la fidélité.

C'est bien grâce à sa volonté qu'elle réussit à s'extraire de son désespoir ; c'est en se tirant vers le haut qu'elle commença à créer, à avancer, à aller de l'avant. En se lançant des défis, en imaginant de nouvelles situations, des contextes, des challenges dans ses activités professionnelles. Elle passait des nuits entières à monter des dossiers, à réfléchir à ses projets !

Il est difficile d'imaginer à quel point elle avait souffert.

Car elle renonçait à quelque chose qui aurait pu être si beau ! Tout le potentiel de cet amour rêvé était là, en Allan. Si cela avait été possible entre eux deux, ça aurait été un lien fusionnel si intense, si magique ! Leïla éprouvait pour cet homme un sentiment pur et passionnel. Et Allan était, en fait, un homme sensible et attentionné. Dans son entourage, ils étaient vraiment peu nombreux à percevoir cet aspect-là de lui : parce qu'il était réservé, parfois un peu cynique et cassant, on ne le voyait pas réellement tel qu'il était au fond : Allan pouvait apporter des fous rires, de la gaieté, de l'euphorie, du partage… Lorsqu'il y avait une dispute, un désaccord, il essayait toujours de se réconcilier ; il savait s'excuser, faire amende honorable. Mais, tout cela, peu de gens s'en rendaient compte ; ils ne percevaient que la surface, l'apparence. Leïla le connaissait sans doute mieux que beaucoup, parfois même mieux que sa propre famille, et c'est pour cela qu'elle l'aimait. C'est de cette part de lui qu'elle était tombée amoureuse. On ne le connaissait pas vraiment.

Mais cet attachement, si fort soit-il, ne pouvait rien sauver. Parce que le contexte était là. Il était impossible de nier la réalité, même si Leïla avait vainement tenté de le faire, pendant des mois ! Un aveuglement volontaire, conscient, pour se donner le droit de vivre sa passion… Tout en sachant à quel point il y avait peu de chances qu'ils ne parviennent jamais à construire une vraie relation ensemble.

Il avait ses défauts, bien sûr ! Mais il lui semblait, quand même, la personne parfaite. Cet amour était exceptionnel ! Lorsque, la nuit, elle tentait de trouver le sommeil et ne pouvait s'empêcher de penser à lui, de revenir sur leur histoire, il arrivait à Leïla de se fustiger, de se traiter de tous les noms d'oiseau… Elle se disait qu'elle était bête, car elle n'arrivait pas à comprendre son propre entêtement… Elle avait besoin de voir si elle comptait pour lui, elle voulait s'ancrer dans son cœur. Mais l'amour qu'elle lui portait – et qu'elle lui porte toujours – ne change rien.

Allan était l'élu de son cœur et l'homme de sa vie, malgré toutes les évidences posées sur son chemin et lui prouvant qu'aucune relation amoureuse concrète ne pourrait jamais découler de leur liaison. Il lui fallait maintenant tourner la page, panser ses plaies… Et avancer.

Heureusement, Leïla a de solides atouts. Sa foi chrétienne, son caractère de femme forte, indépendante, qui sait exactement ce qu'elle veut, tout cela lui a permis de tirer sa révérence ! Tout en luttant pour se reconstruire, en se donnant une autre chance, sans baisser les bras.

Même s'il n'y avait plus d'espoir pour Allan, même si renoncer à lui déchirait son cœur, elle se le devait à elle-même, c'était sa mission : trouver quelqu'un qui puisse lui offrir cet amour-là.

Car elle le méritait, et elle avait tant à donner !

10 – Un sourire

Par la fenêtre entrouverte lui parvenaient les pépiements des oiseaux et l'odeur enivrante des fleurs de bougainvilliers – dont de gros massifs bordaient la véranda, explosant de couleurs.

Mais Leïla percevait à peine son environnement – les rires feutrés des enfants, qui jouaient dans le jardin ; le murmure du vent dans les branches des tamariniers, le parfum du gâteau que sa maman avait préparé et qui était en train de cuire dans le four…

Le regard rivé sur l'écran de son ordinateur, la jeune femme était totalement concentrée sur son travail. Son site Internet était achevé, et il lui fallait maintenant en vérifier les pages, une à une, avant de le mettre en ligne…

Ce serait un grand jour ! Tant de semaines, de mois d'efforts, de travail, de réflexions, d'analyses… Elle y était presque.

La voix de sa mère, de l'autre côté de la porte de son bureau, l'arracha à sa concentration :

— Tu veux de l'orangeade, ma chérie ? Le gâteau est presque prêt !

— Non, merci maman. Je n'ai pas encore fini, j'en ai encore pour une bonne heure.

Comme elle s'y attendait, la porte de son bureau fut aussitôt entrouverte, et sa maman apparut sur le seuil, la mine inquiète :

— Tu es sûre ? Tu travailles depuis des heures et des heures, tu vas t'épuiser !

— Je n'ai pu m'y mettre qu'à 14 heures, maman, ce n'est pas si long.

— Mais j'ai fait ton gâteau préféré !

Retenant un sourire – et un soupir – Leïla céda, pour répondre :

— Très, appelle-moi quand tu feras venir les enfants pour le goûter, d'accord ?

Satisfaite et soulagée, sa maman opina et referma la porte, la laissant de nouveau seule. Leïla essaya de retrouver sa concentration, mais c'était peine perdue : malgré elle, ses pensées dérivaient vers son mobile, sagement posé à côté de son clavier d'ordinateur. L'écran noir et muet semblait la narguer…

Elle soupira, étirant ses bras au-dessus de sa tête pour détendre ses muscles endoloris. La jeune femme adorait sa mère ; mais elle aurait voulu continuer, encore quelques heures, à se plonger dans son travail ! Il n'y avait que cela qui lui permettait de tenir ses pensées à distance. Car, dès qu'elle permettait à son esprit de vagabonder, elle ne pouvait plus s'empêcher de ressasser toujours la même chose : *il ne m'a pas appelée depuis plus d'une semaine…*

C'était une pensée déraisonnable, inopportune, mais elle n'y pouvait rien ! Malgré elle, Leïla pensait à Allan, et c'était tellement rare quand il ne lui donnait pas de nouvelles pendant plus de deux ou trois jours !

Est-ce qu'il va bien ? Est-ce qu'il pense à moi ? Arrête d'y penser, ma fille !

Avant même de quitter le Burundi, après avoir pris la décision de rompre avec lui, Leïla avait décidé de ne plus contacter Allan : elle ne lui enverrait aucun message, elle ne l'appellerait plus ! Cette sorte de sevrage, même difficile, avait pour but de l'aider à l'oublier plus facilement. Mais ce n'était pas du tout évident pour elle ! Elle devait se faire violence pour ne pas composer son numéro et, de nouveau, entendre sa voix…

Surtout qu'Allan, de son côté, n'avait pas du tout les mêmes scrupules ! Il l'appelait très souvent, lui envoyait des textos, des mails… Il demandait des appels vidéo, pour la voir… Lorsqu'elle avait quitté le pays, elle avait dû faire une escale avant de rentrer en Martinique, et Allan l'avait appelée pour prendre de ses nouvelles : il voulait voir la chambre d'hôtel où elle logeait. Et, depuis son retour, il demandait qu'elle lui montre son environnement, sa maison, l'île, même ses proches… Il voulait faire partie de sa vie, et qu'elle fasse partie de la sienne !

Au début, Leïla avait pris une décision très ferme : elle ne voulait plus répondre à ses messages ni à ses appels, tout simplement ! De cette façon, elle pourrait l'oublier ; et cela lui permettrait de cicatriser, de guérir, de mieux vivre cette décision de rompre avec lui.

Mais, dès les premiers jours, cela n'avait pas fonctionné : elle ne pouvait pas se retenir de répondre, tout simplement ! Et Allan était très insistant. C'était également une question de bonne éducation, de simple politesse : on lui avait toujours appris – et elle l'avait également appris à ses enfants – qu'une lettre doit toujours avoir une réaction, qu'on ne laisse pas un message sans réponse… La situation était donc d'autant plus inextricable !

Par ailleurs, c'était un véritable soulagement de cœur, pour la jeune femme, de recevoir de ses nouvelles, d'entendre sa voix, de voir les photos qu'il lui envoyait… et de lui répondre, malgré tout ! Mais Allan ne montrait à aucun moment qu'il était intéressé par la relation amoureuse qu'ils avaient entretenue, et à laquelle Leïla avait mis fin. Il se présentait comme un simple ami, ne montrait pas ses intentions… De plus, il n'avait plus du tout évoqué leur rupture et n'était jamais revenu sur la décision de Leïla.

Mais la jeune femme n'était pas dupe, malgré la douleur qu'elle éprouvait, malgré ses doutes. Elle ne pouvait pas s'empêcher de se poser beaucoup de questions, c'était inévitable ! *Est-ce qu'il est en train de jouer avec moi ? Qu'est-ce qu'il veut ? Qu'est-ce qu'il attend de moi ? Est-ce qu'il n'éprouve plus que de la simple camaraderie pour moi ? Mais alors, si c'est le cas, pourquoi me relancer si souvent, me donner autant de détails sur son existence ?*

Se comporter comme un simple ami, après ce qu'ils avaient vécu ensemble, était si étrange ! Elle n'arrivait pas à comprendre ses motivations à son égard…

Il ne voulait pas revenir sur leur relation, il se présentait comme un ami ; mais, dans le même temps, il cherchait à la tenir en haleine jusqu'au moment où ils allaient se retrouver… Toutes ces questions qu'elle se posait finissaient par lui donner le vertige !

Allan essayait de garder le contact, mais sa façon de faire était identique à son comportement du début de leur relation. Il lui envoyait des messages dans lesquels il donnait tous les détails de sa vie : ce qu'il faisait, les voyages qu'il effectuait, les activités de ses enfants…

C'était une cause de confusion totale pour Leïla, que devait-elle croire ? Elle lui avait donné sa décision, mais il la relançait en permanence, l'empêchant de faire son deuil de leur relation… N'était-ce pas un moyen – inconscient, peut-être ? – de la garder sous son emprise, malgré tout ? Ou bien se faisait-elle des idées ?

Elle-même n'initiait jamais la prise de contact, quelles que soient les circonstances ; elle restait ferme dans sa décision et n'en dérogeait pas. Même si, parfois, elle ressentait un pincement au cœur lorsqu'elle ne recevait pas de nouvelles de lui pendant des jours et des jours…

Il faut que tu te protèges, ma fille… Tant mieux s'il ne t'a pas contactée, tu dois apprendre à te détacher de lui, essaya-t-elle de se convaincre.

Pourquoi le cœur parlait-il si souvent un autre langage que celui de la raison ?

— Maman ! Viens, sinon on va manger tout le gâteau !

Annie l'appelait depuis la cuisine et Leïla sursauta, tirée de ses pensées. La distraction serait bienvenue, finalement…

Machinalement, elle prit son téléphone portable en quittant le bureau, dans un geste automatique et quasi inconscient. Puis, elle rejoignit ses enfants qui, autour de la table de la cuisine, trépignaient d'impatience : leur grand-mère était en train de sortir du four l'une de ses spécialités, les pâtés à la confiture.

Leïla sourit en prenant place aux côtés de Dave : ces pâtisseries lui rappelaient tellement son enfance ! Contrairement à ce qu'avait dit sa maman pour l'appâter, ce n'était pas son dessert préféré, mais ces pâtés sucrés étaient tout de même délicieux, et ils avaient la saveur de l'enfance.

— Il y en a à la confiture de coco ? demanda Dave, plein d'espoir.

Son fils adorait la noix de coco, et il attendait impatiemment son anniversaire, d'ailleurs, car sa mère lui avait promis, pour l'occasion, de lui confectionner un Mont-blanc au coco ! Il regardait sa grand-mère déposer sur la table les généreux pâtés dorés et croustillants, fourrés à la confiture, et cette dernière répondit en souriant :

— Il y en a un pour chacun : pour toi, celui à la confiture de noix de coco ; pour ta sœur, ce sera celui à l'ananas ; et pour ta maman, celui à la confiture de mangue !

— Et pour toi, mamie ?

Avec un sourire malicieux, sa grand-mère lui montra le dernier pâté :

— Devine !

— À la figue !!!

Les deux enfants et leur mère avaient répondu tous les trois d'une même voix, car chacun connaissait le péché mignon de la doyenne de la famille ! Et ce fut dans un éclat de rire qu'ils commencèrent à déguster, chacun, leur pâtisserie.

Leïla était en train d'en avaler une bouchée lorsque son portable se mit à vibrer dans la poche arrière de son jean. Son cœur rata un battement, puis repartit de plus belle : est-ce que c'était Allan ? Enfin ?

Elle se força à finir son gâteau, le plus lentement possible, s'interdisant de se jeter sur son téléphone pour vérifier qui venait de lui envoyer un texto.

Mais, malgré elle, Leïla se mit à manger plus vite… La dernière miette avalée, elle s'essuya les lèvres et déclara à sa famille :

— Je dois retourner travailler. Merci, maman, c'était délicieux !

En fait, elle en avait à peine apprécié les ultimes bouchées, tant son esprit était focalisé sur l'auteur possible du message qu'elle venait de recevoir – et qui attendait sagement, dans sa poche…

Dès qu'elle fut à nouveau seule, dans son bureau, elle déverrouilla l'écran et ne put s'empêcher de sourire : c'était lui.

11 – La contemplation des étoiles

« **R**egarde, là ! Tu reconnais ? »

Leïla tendit le doigt vers le ciel, et son fils suivit des yeux la direction qu'elle lui indiquait. Même dans la semi-pénombre qui les environnait, elle pouvait voir les yeux de Dave briller de plaisir. Le garçon réfléchit quelques instants avant de se décider :

— C'est le mouton !

Et tous les deux éclatèrent de rire de conserve, dans la moiteur de la nuit tropicale.

D'un geste affectueux, Leïla entoura d'un bras les épaules de son garçon. Et, pour une fois, celui-ci se laissa faire. Il ne s'écarta pas de sa mère, se blottissant au contraire un peu plus contre elle pour admirer la voûte étoilée du ciel qui s'étalait, somptueuse et immémoriale, au-dessus d'eux.

Leïla et Dave étaient, tous deux, allongés sur un transat au fond du jardin noyé d'ombres. Il leur semblait qu'ici – à quelques mètres à peine de la maison, où dormaient tranquillement Annie et sa grand-mère –, ils étaient seuls au monde, comme des naufragés sur une île déserte… C'était un sentiment merveilleux, magique.

Depuis qu'ils étaient tous petits, ses enfants adoraient inventer des noms aux étoiles, sans se soucier de réalisme ou de science. Ainsi, la Grande Ourse – qu'on voyait parfaitement, ce soir, comme toutes les autres constellations visibles depuis la Terre – était devenue l'Araignée, l'étoile du Berger la Petite Fille, Cassiopée avait reçu le doux diminutif de Mimi...

Au gré de leur fantaisie enfantine, Annie et Dave avaient renommé les astres et s'en étaient approprié la musique. C'était un jeu auquel ils jouaient souvent lorsqu'ils étaient petits. Ils étaient devenus un peu trop grands pour ça, évidemment ! Mais, ce soir, son fils acceptait de renouer avec son enfance, comme si, symboliquement, ils renouaient leurs liens.

C'était l'anniversaire de son cadet, aujourd'hui. Leïla avait tout préparé pour que cette journée soit mémorable, pour qu'il soit heureux ! Ses copains, les enfants des voisins, ses cousins et cousines étaient venus déjeuner vers midi, et tous les plats préférés des gamins les attendaient sur une grande table.

Les adultes les avaient tous, ensuite, emmenés à la plage, où ils avaient passé une après-midi de jeux et de baignades, de concours de construction de châteaux de sable et de parties de frisbee. Puis, c'était toute une troupe de bambins ensablés et surexcités qui était revenue à la maison, pour un goûter endiablé et d'autres jeux, encore, dans le jardin...

Le soir, la famille était venue célébrer l'événement autour de quelques bouteilles de champagne et du gâteau préféré de Dave, qui avait soufflé ses bougies avec beaucoup de sérieux !

Tout le monde était parti, à présent, famille, amis, voisins...

Annie, épuisée, était allée se coucher, suivie par sa grand-mère ; il ne restait plus que le roi de la fête et sa maman, et ils admiraient les étoiles…

Leïla sentait que son fils luttait contre le sommeil. Il n'avait pas envie que ce jour s'achève, il voulait encore profiter, jusqu'au dernier moment, de sa mère et de sa journée. Il était à présent blotti contre elle, son corps déjà lourd de presque adolescent à moitié assoupi ; et Leïla se demandait où était passé son petit garçon sérieux et attentif, qui se transformait peu à peu en homme…

Du moins, avait-elle pu restaurer un peu de leur complicité d'antan.

Annie et Dave étaient de tempérament très différent, depuis leur naissance ! Sa fille était une fonceuse, elle ressemblait à sa mère : ouverte, chaleureuse, bavarde, elle ne lâchait rien et avait confiance en elle.

Son fils, lui, avait toujours été un enfant réservé, silencieux. Il se livrait difficilement et, depuis quelques années, Leïla avait un peu de mal à rétablir le contact avec lui. Lorsqu'elle s'était séparée de leur père, Dave était encore très jeune, et le divorce l'avait fragilisé. Il manquait, alors, de la maturité nécessaire pour comprendre ce qu'il se passait. De plus, depuis des années, le travail de leur mère les éloignait d'eux très souvent : il était rare qu'elle passe plus de trois semaines à leurs côtés, avant de repartir en mission !

Pour la première fois depuis le divorce de leurs parents, Annie et Dave avaient Leïla pour eux tous seuls, et cette présence continue avait permis à Leïla de renouer leurs liens, qui s'étaient distendus par la force des choses. Ce retour à la terre natale avait été un cadeau du ciel pour les enfants !

Ils étaient tout à fait conscients qu'elle allait repartir, à un moment ou un autre, et ils en profitaient pour se faire gâter. Leïla les aidait dans leurs études, bien sûr ; et cela était une bénédiction pour Annie, car cela lui avait permis de décrocher un autre diplôme. Son aînée avait pour objectif de passer une maîtrise en administration, et Leïla était fière de pouvoir épauler sa fille dans la réalisation de ses objectifs. De plus, elle était là pour eux au quotidien, participant à leurs activités, organisant des jeux le soir, leur préparant les plats qu'ils aimaient…

L'attitude de Dave avait changé, et c'était, pour Leïla, d'un grand réconfort : depuis son retour, son garçon s'ouvrait à elle, il se montrait plus affectueux, il parlait davantage. C'était sans doute le point le plus positif, pour elle qui souffrait de sentir son fils s'éloigner d'elle, rester sur la réserve. Leur amour et leur satisfaction étaient une récompense dont elle savourait les fruits sans aucune arrière-pensée.

Oui, depuis son retour, ils étaient très heureux ! Leïla était présente, à leurs côtés, depuis plus de six mois, et elle leur apportait davantage de stabilité. Ils en profitaient au maximum, chaque jour était une fête !

À tel point qu'ils ne souhaitaient plus que leur maman reparte pour une nouvelle mission… Ils voulaient la garder auprès d'eux…

— Et celle-là ? interrogea à nouveau Leïla, pointant son doigt vers la constellation du Scorpion.

Dave allait-il se souvenir que, lorsqu'il était petit, il avait baptisé cette pléiade à son propre goût ? Il l'avait nommée Gertrude… Allez savoir pourquoi ! Peut-être était-ce le nom d'une de ses peluches préférées, elle ne s'en souvenait plus.

Elle attendit que Dave réfléchisse, se souvienne, peut-être…

Mais aucune réponse ne provint de son fils, qu'elle enlaçait toujours en le serrant contre elle. Baissant les yeux vers le visage de Dave, elle se rendit alors compte qu'il s'était endormi. Épuisé par une journée de festivités, de rires, de jeux et de gâteaux, il avait fermé les yeux et son souffle, profond, régulier, lui indiquait qu'il avait plongé dans les bras de Morphée. Les paupières closes, le visage apaisé, Dave était redevenu le petit garçon qu'il était autrefois…

Leïla sourit, attendrie, et le serra encore un peu plus fort contre elle.

12 – Les piliers de sa vie

Il existait trois piliers, dans l'existence de Leïla, qui lui permettaient de « tenir le cap ». Ces piliers étaient les trois femmes auprès desquelles, de manière différente, elle pouvait se confier et, surtout, auprès desquelles elle savait pouvoir trouver, en toutes circonstances, le soutien et l'amour dont elle avait besoin.

Ces piliers étaient trois femmes : sa maman, sa marraine et sa tante Joanna.

Il était parfois difficile de s'épancher auprès de sa mère, et elle ne le fit vraiment qu'au début de sa relation avec Allan. Leïla savait qu'elle ne serait pas jugée, encore moins condamnée… Mais sa maman avait trop à cœur le bonheur de sa fille. Et, si elle ne s'était pas fâchée lorsque Leïla lui avait raconté dans quelle situation elle était, elle lui avait dit :

— Tu as respecté les règles, mais il faut voir maintenant ce que cette personne va pouvoir t'apporter…

Il était clair qu'elle doutait que cet homme puisse lui apporter ce dont elle rêvait ! – ce en quoi, d'ailleurs, elle avait raison…

Sa maman faisait montre d'une grande gentillesse et de beaucoup de compréhension, mais Leïla savait aussi que lui parler de ses peines de cœur ne faisait que renforcer l'inquiétude qu'elle éprouvait pour sa fille. Elle préférait l'épargner, ne pas faire peser sur les épaules maternelles son propre fardeau…

Sa marraine était bien plus ouverte et plus tolérante par rapport à sa situation. Lorsque Leïla revint au pays, elle fut la première personne à qui elle était allée se confier. Sa marraine vivait en haut du village, dans les collines, et Leïla éprouvait souvent le besoin de venir lui rendre visite. Elles s'installaient toutes les deux sur la véranda, devant des verres de limonade maison, et la jeune femme pouvait vider son cœur de tout ce qui la minait, sans craindre de faire de la peine ou de ne choquer personne.

Ces confidences étaient un véritable baume pour son âme endolorie, Leïla puisait beaucoup de force dans la bienveillance attentive et tolérante de sa marraine !

Mais c'est surtout grâce à Joanna, sa tante, qu'elle avait réussi à tenir bon, à ne pas « craquer » et revenir vers Allan, malgré son amour pour lui et la terrible sensation de manque qu'elle éprouvait après sa décision de rompre avec lui… Une décision, d'ailleurs, qu'elle devait en grande partie à Joanna !

Lorsqu'elle était encore au Burundi, et qu'elle préparait un repas pour Allan qui devait lui rendre visite, c'était toujours sa tante qu'elle appelait : Joanna était une cuisinière hors pair, et elles avaient toujours été très complices, toutes les deux.

Elle lui confiait tout, sans rien lui cacher de ses espoirs, de ses déceptions, de ses joies et de ses peines… Certaine d'avoir une oreille attentive au bout du fil, toujours prête à l'écouter ; mais elle était aussi franche et directe. Elle disait toujours ce qu'elle pensait, toujours avec gentillesse, mais aussi fermeté.

Ainsi, lorsque Joanna s'était rendu compte que la situation entre Allan et sa nièce n'évoluait pas, que Leïla était, en quelque sorte, « coincée » dans cette relation stérile, elle lui avait donné la force nécessaire pour rompre.

— Il n'a pas su te donner les preuves de son amour, lui déclara-t-elle, un jour que Leïla l'appelait, en larmes, alors qu'elle n'arrivait pas à prendre une décision.

Et elle ajouta :

— Ça ne sert à rien que tu restes avec lui, si rien ne change !

C'était douloureux à entendre, bien sûr, mais Leïla avait besoin, à ce moment-là, que quelqu'un soit capable de prononcer ces mots qui tournaient déjà dans sa tête, en boucle, encore et encore…

Joanna avait été le socle sur lequel elle s'était appuyée pour se libérer de l'emprise amoureuse d'Allan : fermement, gentiment, sa tante l'avait conseillée, écoutée, guidée… Lorsque Leïla manquait de flancher, il lui suffisait de l'appeler pour qu'elle retrouve la force indispensable afin de respecter sa parole.

Comme sa mère et sa marraine, sa tante était très croyante et leur foi l'avait soutenue sans faiblir.

— Nous prions pour toi, lui disait-elle. Pour que tu obtiennes ce que tu mérites. Pas quelqu'un qui vient te voir uniquement quand il en a envie, et qui repart tranquillement, dès qu'il souhaite s'éloigner. Ce n'est pas ce genre de personne que tu mérites !

Il n'y avait rien de plus précieux, pour Leïla, que ce soutien sans faille. Elle ne pouvait pas les décevoir ! Et, un jour où elle était plongée dans les affres du doute, dans la peur à l'idée de perdre l'amour qu'elle ressentait pour Allan, tellement puissant qu'elle ne parvenait pas à s'en détacher, Joanna avait su trouver les mots pour lui donner la force d'âme de résister :

— Ce n'est pas quelqu'un qui a vraiment de l'amour pour toi.

Il n'y avait rien de pire à accepter, pour une femme amoureuse, que d'entendre affirmer que l'homme de sa vie ne vous aime pas réellement ! Ce jour-là, Leïla se sentit le cœur brisé, mais elle devait bien se rendre à l'évidence : non, il ne l'aimait pas vraiment. Allan la désirait, certes, et ils s'entendaient bien. Ils pouvaient être complices, il pouvait lui montrer de la tendresse et de l'affection… Mais il semblait vouloir se contenter d'une liaison cachée, adultère, sans vouloir afficher leur amour aux yeux des autres. S'arrangeant pour la voir à sa convenance, sans que cela bouscule sa vie « officielle ». Et, surtout, il ne cherchait pas à la retenir ; il la laissait partir, rompre avec lui, sans protester…

C'est à cet instant-là que Leïla s'est sentie obligée de tenir son engagement : faire ce choix de rompre.

Grâce à ses trois piliers de vie, elle a réussi à ne pas céder, à garder son âme forte pour passer cette étape douloureuse. Oh, ce ne fut pas facile, loin de là ! Car la peine, la détresse, la déception… Tout cela était là, bien sûr, faisant couler ses larmes et alimentant ses doutes… Il aurait été si facile de céder. De revenir sur sa décision, de rester auprès d'Allan…

Après tout, elle l'aimait assez pour deux ! Parfois, dans le secret de son cœur, elle songeait qu'elle pouvait se contenter de ce qu'il lui donnait : même si ce n'était pas ce qu'elle attendait, ce qu'elle méritait, même si cela ne correspondait pas à ses valeurs et à ses rêves, elle l'aimait assez pour se laisser fléchir et préférer un peu d'amour à pas d'amour du tout…

Oui, il lui arrivait – et cela a duré très longtemps ! – d'être assaillie par ce genre de tentations. Elle se berçait, pendant quelques heures, de cette illusion.

Et puis, les mots de Joanna lui revenaient en mémoire : « Ce n'est pas quelqu'un qui a vraiment de l'amour pour toi ». Et cela sonnait le glas de ses chimères, car c'était vrai, et c'était exactement ce dont il fallait qu'elle se souvienne !

La « vraie » Leïla refaisait alors surface : la femme indépendante, forte, celle dont les valeurs chrétiennes ne pouvaient souffrir de compromissions. Pouvait-elle, réellement, accepter d'un homme – quel que soit cet homme ! – une relation si déséquilibrée ? Et, surtout, accepter ce manque d'amour ? Car elle pouvait pardonner beaucoup de choses, mais pas ça…

Depuis son retour du Burundi, Dieu merci, elle avait retrouvé ses piliers, les trois femmes qui la maintenaient, affectueusement, sur le droit chemin. Elle s'est raccrochée à ses confidentes pour tenir bon, pour ne pas perdre ses rêves de vue au profit d'une chimère. Ne pas lâcher…

Conseils, écoute, encouragements… Grâce à l'amour qu'on lui prodiguait, peu à peu Leïla retrouvait son amour de soi. L'emprise d'Allan avait disparu, s'était effacée. Oh, elle pensait toujours à lui ! D'autant plus qu'il n'omettait pas de lui donner des nouvelles, de se rappeler à son bon souvenir… Mais elle avait tout de même retrouvé sa capacité à faire front, et à ne plus être sous son emprise. Elle pouvait, désormais, commencer à se reconstruire.

13 – Les nouvelles (2)

Lettre de Marguerite à Leïla

« *Ma chère amie,*
Un grand merci pour ta longue lettre, que nous avons bien reçue dès notre retour à la maison.

Je suis très heureuse de savoir que tu profites de ton retour pour renouer les liens avec tes enfants, et que tout le monde, chez toi, se porte à merveille !

Tu me parles un peu de tes projets d'entreprise indépendante, mais j'attends d'en savoir un peu plus, car je ne suis pas une spécialiste du travail via Internet. Auras-tu le temps de te consacrer à une seconde activité, en plus de ton emploi et de tes obligations familiales ? Je sais que tu as du courage et de la volonté ! En tout cas, je t'admire pour ton investissement personnel…

Comme tu le sais, nous étions parties en Tanzanie, chez Léopoldine, car la situation était devenue vraiment trop dangereuse au Burundi. J'ai différé cet exil aussi longtemps que je l'ai pu ! Mais il a bien fallu me rendre à l'évidence : le pays était trop instable, et tout le monde me pressait de faire mes bagages et de partir. Allan appelait presque tous les jours tant il était inquiet ! J'avoue que mon état de santé, aussi, m'a poussée à m'y résigner. J'étais vraiment trop épuisée pour être d'une quelconque aide pour les autres…

J'étais très inquiète pour mon amie Monique, dont je t'ai raconté les déboires dans ma lettre précédente ; car son fils, Chris, n'était toujours pas réapparu lorsque nous sommes parties, Patricia et moi, et sa mère était dans les affres du désespoir. Mais je me suis tout de même décidée à plier bagage, et j'avoue que ce séjour m'a fait beaucoup de bien.

Léopoldine est une femme charmante — très âgée, maintenant, mais elle est encore très alerte, plus que je ne le suis moi-même ! Elle vit avec ses cinq enfants — deux garçons et trois filles — qui sont tous mariés, sauf la petite dernière, et qui ont eux-mêmes des enfants : toute la tribu est réunie dans la grande maison qu'ils possèdent près de Mbaya. La ville est construite sur l'un des hauts plateaux du pays, à plus de mille sept cents mètres d'altitude : c'est un climat parfait pour se refaire une santé ! C'est aussi un pays magnifique, que l'on prend beaucoup de plaisir à visiter.

L'un des petits-fils de Léopoldine, Victor, nous a emmenées, Patricia et moi, dans l'une des réserves naturelles de la région, et nous avons pu admirer — de loin, et dans le confort de notre voiture ! — quelques troupeaux de zèbres et des éléphants. C'est magique ! Le tourisme est d'ailleurs l'une des ressources principales de la Tanzanie.

Nous y sommes restés trois mois, en guettant les nouvelles du Burundi. J'ai pu, ainsi, me reposer, et je me sentais beaucoup mieux lorsque nous avons enfin appris que nous pouvions rentrer dans une relative sécurité : il n'y a plus de manifestations ni de troubles politiques, les habitants rentrent peu à peu chez eux… Malgré la gentillesse de leur accueil, j'étais assez soulagée, je l'admets — et ma tante également, même si elle ne l'avoue pas ! — de pouvoir rentrer : nous avons l'habitude de vivre seules, toutes les deux, au calme. Et une maisonnée de presque quinze personnes, ce n'est pas ce que j'appelle de l'intimité ! Mais l'altitude, le grand air et leur hospitalité m'ont tout de même permis de me remettre sur pied.

Je craignais un peu de retrouver notre maison abîmée, mais heureusement, notre maison n'a pas été vandalisée ni volée, et Tom a été un gardien parfait ! Il est resté en ville pour surveiller nos affaires, comme il l'avait promis. Patricia et moi avons retrouvé notre home avec beaucoup de joie, car, même si nous avons été accueillies très gentiment par Léopoldine et sa famille, ce n'est jamais pareil quand on n'est pas chez soi…

Aussitôt que nous sommes rentrées, j'ai contacté Monique pour prendre de ses nouvelles, ainsi que de son fils. J'étais persuadée que tout était rentré dans l'ordre…

Mais pas du tout ! De nombreuses personnes ont disparu pendant les émeutes — de tout âge et des deux sexes — et, malheureusement, Chris en fait partie : j'ai retrouvé mon amie complètement démoralisée. Elle bénéficie, Dieu merci, de tout le soutien moral de l'Église du Bon Berger, mais c'est une aide uniquement morale, et elle a, avant tout, besoin de savoir ce qu'est devenu son garçon, et de le retrouver !

Il s'agit presque d'une croisade dans laquelle je me suis lancée. Une folie à mon âge, me reproche Patricia. Elle a peut-être raison, mais je ne peux pas abandonner mon amie à son sort ! Il arrive un moment, dans la vie, où les prières ne suffisent plus, et où les actes doivent prendre le relais…

Christian est forcément quelque part, à nous de retrouver sa trace ! Ce pays n'est pas si immense, après tout, qu'un adolescent puisse en disparaître comme de la fumée ?

Quelques jours après notre retour, nous avons donc mis en place un véritable plan de campagne : d'abord, les hôpitaux, et les hospices. Ces derniers sont tenus par des militaires et difficiles à approcher, aussi avons-nous commencé par les premiers. Je t'avoue que les démarches ont été épuisantes, et frustrantes : Monique, moi et Gemma avons dû aller dans chaque établissement hospitalier de la région pour vérifier, de visu, tous les adolescents mâles qui y étaient soignés… Tu serais surprise par le nombre de gamins qui n'ont plus de parents, de famille pour s'occuper d'eux ! Nous avons cru, un moment, toucher au but quand une infirmière nous a parlé d'un jeune garçon dont la description correspondait… Mais non, ce n'était pas lui, et notre déception a été grande, tu peux me croire !

Un peu découragées, nous avons ensuite forcé la main aux autorités militaires pour qu'ils acceptent de nous laisser pénétrer dans leurs centres de soins. En vain également…

On raconte qu'il y a encore beaucoup de personnes en prison, arrêtées lors des émeutes, et sans doute est-ce le cas de Chris : à moins qu'il ne soit décédé – que le Ciel le protège ! – c'est la seule option qu'il nous reste à examiner.

Et cela ne va pas être facile ! Certes, le pays est revenu au calme, mais cela ne signifie pas que tout est rentré dans l'ordre : l'armée surveille et contrôle aussi bien les villes que les banlieues, et tout le monde est sur les nerfs. J'appréhende de me confronter aux hauts gradés pour obtenir qu'on nous laisse entrer… en prison !

D'autant plus que j'ai été obligée de différer cet aspect-là de notre recherche : après plusieurs semaines de stress, de fatigue et d'angoisse – sans compter les déplacements dans toute la ville et dans la région – j'ai fini par retomber malade, cette fois plus gravement. Je n'arrivais plus à me lever le matin, tellement j'étais épuisée !

Il a bien fallu que j'agisse, cette fois. Je me suis laissée convaincre d'aller jusqu'à Paris, où Allan voulait me faire venir afin que je consulte un spécialiste de sa connaissance. Tu le connais, il peut être très persuasif ! J'y suis donc allée le mois dernier, et j'ai logé chez mon frère et ses enfants. Cela m'a fait très plaisir de les revoir, bien sûr ! Mais laisser Patricia derrière moi, toute seule au Burundi, ne me plaisait pas du tout.

Elle n'a pas voulu m'accompagner, en prétextant qu'elle était trop vieille pour les longs trajets en avion — ce en quoi elle a peut-être raison, mais j'ai toujours l'impression qu'elle est une force de la nature, et en bien meilleure forme que moi !

Toujours est-il que j'ai pris rendez-vous chez ce praticien, qui m'a fait passer toute une batterie d'examens compliqués. Cela a duré assez longtemps, et il a fini par me dire que je n'avais, Dieu merci, rien de grave, mais qu'il fallait me ménager. C'est facile à dire, tout de même ! Je souffre d'anémie et d'une légère arythmie cardiaque qui me fatigue beaucoup. J'ai donc besoin de vitamines et de repos, tout simplement…

Je suis restée chez Allan quelques semaines, jusqu'à recevoir les résultats des examens et le verdict final, heureusement peu alarmant. Mon frère a beaucoup insisté pour que je te transmette, dans ma lettre, tous ses meilleurs sentiments, alors je n'oublie pas de le faire !

Je suis rentrée au Burundi depuis quelques jours à peine, et j'ai déjà bien du mal à tenir mes engagements vis-à-vis de ma santé : comment me reposer et me préserver quand les autres comptent tellement sur moi ?

Je suis en train de contacter mes amis au ministère pour avoir des informations, au moins une piste, on ne peut pas rester sans nouvelles éternellement, tout de même !

Je prie le Seigneur pour que nos recherches aboutissent, et que mère et fils soient enfin réunis… Et je prie pour toi, bien sûr, et pour les tiens. J'attends de tes nouvelles, et transmets mes salutations à ta famille.

Bien à toi,

Marguerite. »

14 – La complicité de deux sœurs

ujourd'hui, Leïla se sentait joyeuse, emplie d'entrain et d'énergie, des projets plein la tête ! Il y avait des jours « avec », et des jours « sans » depuis son retour au pays : selon si Allan l'avait laissée sans nouvelles de sa part depuis trop longtemps… Selon si elle avait rêvé de lui, ou si ses pensées dérivaient encore vers lui, leur liaison, leur rupture… Il lui arrivait d'entamer une journée qu'elle savait difficile dès le départ !

Mais, ce matin, la jeune femme était en pleine forme. Cela tombait bien, car elle avait rendez-vous avec Nick, qui l'attendait pour que sa sœur l'aide à mettre à jour son ordinateur. Or, lorsque Leïla ne se sentait pas très bien, quand la tristesse prenait le dessus sur sa joie de vivre, elle préférait éviter de voir son aînée, qui décelait toujours ce genre de choses. Nick la connaissait trop bien pour qu'elle puisse lui mentir ; et elle ne voulait pas lui faire de la peine en lui montrant la sienne…

Au volant de la petite voiture familiale, Leïla progressait rapidement, vitres baissées pour faire pénétrer l'air déjà chaud et plein de parfums de l'île. La petite route qui la menait, depuis chez elle jusqu'à la maison de sa sœur, sinuait dans les collines, et ce n'était que tournants en épingles à cheveux et courbes tortueuses, mais elle avait l'habitude : elle rétrogradait, accélérait et freinait pile quand il le fallait. Après tout, elle était chez elle ; elle connaissait le chemin par cœur, elle était née ici et y avait grandi ! Chez elle… C'était un point d'ancrage indispensable pour une « bourlingueuse » comme elle, une femme toujours entre deux avions, entre deux destinations, appelée sans cesse dans des pays lointains pour ses missions professionnelles. Leïla aimait les voyages, elle était un peu comme une âme vagabonde, elle absorbait les cultures, accueillait les nouveaux visages, les coutumes et les environnements étrangers, et elle s'en nourrissait.

C'était la première fois depuis des années qu'elle séjournait dans son île natale plus de quelques semaines d'affilée, et ce répit était le bienvenu. Elle en avait besoin pour se reconstruire, après la tempête émotionnelle qu'elle avait vécue auprès d'Allan !

Bientôt, elle en était sûre, son employeur lui proposerait une nouvelle mission. Comment allait-elle réagir ? Ses enfants étaient si heureux de la savoir près d'eux, d'avoir enfin son attention, son soutien ! Ils en étaient à un stade délicat de leur développement – dans leurs études, mais aussi dans leur maturation en tant que futurs adultes – et elle avait envie de rester auprès d'eux encore quelque temps…

Ne te préoccupe pas des problèmes avant qu'ils ne se posent, pensa-t-elle en abordant le dernier virage qui menait à la maison de sa sœur. *Tu verras cela quand il sera temps d'y apporter une réponse…*

Il était encore tôt, mais elle savait que Nick serait déjà levée, et à pied d'œuvre : sa sœur s'occupait de sa maison et de son jardin avec beaucoup d'attention.

C'était une femme active, qui remplissait bien ses journées !

Tous les volets de la maison étaient ouverts et, quand Leïla se gara sous le grand frangipanier qui offrait une ombre bienfaisante, elle vit sa sœur qui sortait sur la véranda pour l'accueillir.

— Bonjour, Leïla ! Comment vas-tu ?

— Parfaitement bien !

Elles s'embrassèrent rapidement, et Nick l'enveloppa d'un regard attentif, scrutateur, avant de hocher la tête et de sourire.

— Je t'ai préparé un café, et l'ordinateur n'attend plus que toi.

Nick avait sorti les tasses et les avait posées près du terminal informatique, qui faisait des siennes depuis quelques semaines. Leïla avait proposé à sa sœur de l'aider à le remettre en état, car elle se doutait bien que les problèmes qu'elle rencontrait – gros ralentissements et plantages réguliers – ne provenaient que d'un manque de nettoyage du système et de mises à jour à effectuer. Nick n'était pas très douée en informatique – bien moins que son neveu et sa nièce, par exemple ! – et il était plus simple, pour Leïla, d'intervenir directement, plutôt que de lui expliquer les procédures à suivre…

Elles s'installèrent côte à côte devant l'écran et commencèrent à boire leur café, discutant d'Annie et de Dave, tandis que Leïla s'emparait de la souris et faisait un check-up du système.

La corbeille était pleine à craquer, Windows n'avait pas été mis à jour depuis plus d'un an, tout comme ses navigateurs…

Leïla hocha la tête, inconsciemment : c'était bien ce qu'elle pensait, ce serait assez simple à régler !

Elle commença le nettoyage, tandis que Nick lui demandait :

— Tu as eu des nouvelles de tes amis au Burundi, récemment ?

— Oui, je viens juste de recevoir une lettre de Marguerite, justement !

Et elle entreprit de lui raconter ce qui se passait pour Marguerite et Patricia, leur exil temporaire en Tanzanie, leur retour au pays, les recherches de la sœur d'Allan pour retrouver le fils de son amie Monique, ainsi que ses ennuis de santé… Elle évitait soigneusement, comme d'habitude, d'évoquer Allan. Le sujet était sensible entre elles…

Au début de sa liaison, Leïla se confiait beaucoup à sa sœur. Depuis l'enfance, toutes les deux étaient proches, elles s'aimaient beaucoup ; mais elles possédaient toutes deux des personnalités très fortes, et très dissemblables !

Nick avait été opposée dès le départ à cette relation, qu'elle jugeait néfaste pour sa sœur, et ne s'en cachait pas :

— C'est toi qui vas « ramasser » ! lui avait-elle dit. Allan ne sera jamais disponible pour toi.

Nick connaissait sa cadette sur le bout des doigts, elle savait comment elle fonctionnait : Leïla était une femme très correcte, qui avait des valeurs morales fortes, et c'était une illusion de sa part d'espérer trouver ce qu'elle cherchait en Allan ! Lorsque Leïla lui montra des photographies d'Allan, Nick l'informa qu'il ne lui inspirait pas confiance.

Au Burundi, elle appelait sa sœur avant ou après les visites d'Allan ; et, au début du moins, constatant que Leïla semblait heureuse, elle se contentait la laisser à sa passion ; car Leïla était devenue une femme épanouie, pleine de joie de vivre.

Mais Nick ne croyait pas que cela pouvait durer ainsi très longtemps ni évoluer positivement ; même si elle priait pour se tromper ! Elle savait parfaitement que Leïla était une femme entière ; elle ne faisait jamais les choses à moitié et se donnait à fond ! Il était inutile d'insister… D'où l'effet dévastateur, quand elle s'était rendu compte qu'elle allait droit à la catastrophe !

Au retour de Leïla auprès de sa famille, Nick ne posa jamais aucune question sur Allan. Trois ou quatre mois avant, elle avait déjà compris que cette histoire ne tenait pas debout… Quand elle appelait Leïla et posait des questions, les réponses de sa sœur en disaient long sur l'évolution de la situation :

— Est-ce qu'il est là ? Tu le vois aujourd'hui ?

— Non, il n'est pas là…

Allan était toujours absent, en déplacement, en voyage d'affaires, dans sa famille… Nick sentait la détresse croissante de sa sœur, et elle en souffrait pour elle.

Le 8 mars, Nick l'avait appelée, et elle s'était aussitôt rendu compte que quelque chose n'allait pas du tout, que sa sœur était effondrée. Leïla ne lui avait rien dit de précis, mais Nick avait pressenti la catastrophe…

Lorsqu'elles se retrouvèrent enfin en Martinique, les seules choses qu'elle se permettait de dire, elle le faisait sous forme de plaisanteries, de blagues.

— Une chose est certaine : quand un homme veut vraiment d'une femme, il ne la laisse pas partir sans poser une action ! lui avait-elle déclaré, d'un ton presque détaché.

Avant sa sœur, Nick avait compris que, si Allan aimait vraiment Leïla, il aurait dû agir ! Mais Leïla ne voulait pas expliquer sa décision, et Nick était sur la défensive : elle éprouvait une sorte de rage contre Allan, une colère contre cet homme qui avait fait du mal à sa petite sœur !

Elles eurent, toutes les deux, une conversation environ cinq mois après le retour de Leïla : Nick avait juste quelques bribes d'informations, dont elle déduisait qu'Allan se comportait comme s'il avait accepté la décision, et que cela ne lui faisait ni chaud ni froid de la perdre…

Bien qu'il essayât d'avoir des nouvelles et d'en donner, de conserver le lien entre eux, il n'était jamais revenu sur la décision de Leïla : c'était cette acceptation tacite qui avait choqué Nick ! Car un homme doit revenir s'il aime la femme…

Pour Nick, c'était comme s'il voulait se débarrasser de Leïla ! Mais elle ne voulait pas faire de reproches à sa sœur, par amour : elle ne voulait pas la blesser avec ses mots. Nick savait qu'elle pouvait être tranchante, dure malgré elle, et elle ne souhaitait pas lui faire de la peine ! Mais, même si elle ne disait rien, c'était tout comme ; elle ne pouvait contrôler les expressions de son visage, ses regards… Lors de cette conversation, comme Leïla n'avait pas beaucoup d'entrain, Nick avait essayé de plaisanter en lui lançant :

— Cesse de faire la tête !

— Je ne t'ai pas dit que je faisais la tête, avait répondu Leïla, c'est du passé pour moi.

— Moi qui te connais si bien, je sens que tu as la mort dans l'âme. Arrête de faire semblant, il est temps que tu te reprennes, et que tu oublies cette histoire. Parce que, là où il est, il est bien tranquille, il peut vivre sa vie comme il l'entend, sans complications…

Depuis ce jour, Leïla avait fait beaucoup d'efforts pour éviter sa sœur les jours « sans », quand elle ne se sentait pas en forme, afin que Nick ne voie pas sa tristesse et sa peine.

Parfois, c'est par le silence qu'on prouve son amour…

15 – Une hésitante réponse

Leïla hésitait, les mains au-dessus de son clavier d'ordinateur, prêtes à taper le texte qui se formait déjà dans sa tête. Elle n'hésitait pas sur les mots, mais sur le média à utiliser pour les transmettre.

Valait-il mieux répondre par écrit, ou alors appeler, afin d'avoir directement son interlocuteur en ligne ? Parfois, il était plus simple de s'expliquer de vive voix…

Lorsqu'elle s'était levée ce matin-là, la jeune femme avait mal à la tête et était fatiguée. Elle avait mal dormi, et ses rêves l'avaient perturbée : Allan, encore, qui hantait son cœur et son âme… Allait-elle réussir un jour à rompre le lien entre eux, qu'il s'évertuait à entretenir ?

La veille au soir, il lui avait envoyé un texto qui disait : « Bonjour Leïla, es-tu disponible pour un appel en visio ? »

Elle était alors prête à se coucher, et elle avait mis de longues minutes avant de se décider.

Une part d'elle ne voulait pas lui répondre, tout simplement – après tout, il était tard, et elle pouvait aussi bien être déjà endormie ! Une autre partie d'elle-même avait très envie d'accepter, de le voir, de lui parler… Et laisser un message sans réponse était presque une torture pour elle, surtout un message de lui !

Mais elle avait résisté, et décidé que sa réponse attendrait le lendemain : elle n'était pas à sa disposition, prête à répondre sur-le-champ à la moindre de ses sollicitations !

Ceci dit, sa décision n'avait pas été sans conséquence et, à une heure du matin, elle ne dormait toujours pas… Pestant contre elle-même, se reprochant de ne pas parvenir à s'empêcher de penser à lui ; pestant contre Allan qui, presque tous les jours, se rappelait à son bon souvenir… Ce n'étaient pas les dispositions idéales pour trouver le sommeil ! Leïla avait tout de même fini par s'endormir, mais ses rêves avaient été très perturbés.

Ce fut donc d'une humeur assez maussade qu'elle avait allumé son ordinateur, après son petit-déjeuner, pour se mettre au travail.

Et elle avait alors eu la surprise de trouver, dans sa boîte mail, un message de son employeur. Ce dernier lui proposait une nouvelle mission… au Burundi !

Leïla savait qu'on allait bientôt lui demander de repartir. Mais au Burundi ? Là où, justement, résidait l'homme dont elle ne parvenait pas à faire son deuil ?

Il ne s'agissait pas, évidemment, de refuser tout net, sans argument spécifique. C'était son patron, tout de même ! Et il était habitué à ce qu'elle accepte les missions qu'on lui proposait. Il allait être surpris, et il lui fallait trouver de bonnes explications, un compromis…

Car elle ne pouvait pas accepter. Cela, elle le savait déjà. Il lui fallait seulement trouver les mots justes et les bons arguments…

Leïla mit son ordinateur en veille, et retourna à la cuisine pour se préparer un second café.

Sa maman avait emmené Annie et Dave faire le marché ce matin, et la maison était étrangement silencieuse. Un calme auquel elle n'était plus habituée, environnée qu'elle était, depuis six mois, de rires d'enfants, de cris, d'appels…

Si elle les quittait à nouveau, elle devrait refaire connaissance avec le silence au quotidien, la solitude. Et sa fille, comme son fils, avait besoin d'elle en ce moment. Elle voulait être là pour eux, pour les soutenir dans leurs études, pour leur apporter ce dont ils avaient besoin ! Bien sûr, elle aurait pu les aider à distance, comme elle l'avait fait jusqu'à présent lorsqu'elle partait en mission, mais ce n'était pas la même chose.

Leïla mit le percolateur en route et n'eut pas longtemps à attendre avant de prélever sa tasse pleine du breuvage à l'odeur puissante, noir à souhait. Elle alla le déguster sur la terrasse, s'installant dans le rocking-chair préféré de sa mère, laissant son regard dériver sur les buissons fleuris du jardin, les arbres, toute cette belle nature apaisante…

Ses enfants n'étaient pas l'unique raison à son refus de repartir au Burundi, bien sûr.

Cela faisait presque sept mois qu'elle l'avait quitté, et, pour être honnête avec elle-même, elle se sentait encore très vulnérable. Sa faiblesse face à ce qui pouvait se produire si elle se trouvait, de nouveau, face à lui, la faisait reculer… Elle n'était pas encore prête ! Il fallait qu'elle se protège…

Moralement, Leïla ne sentait pas encore assez forte ; car elle n'était toujours pas sortie de sa dépression, elle le sentait. Saurait-elle résister, si elle croisait sa route maintenant ? Rien n'était moins sûr ! Elle se connaissait assez pour savoir où étaient ses limites et ses possibilités.

Dès le début, elle savait parfaitement que rompre avec Allan serait douloureux, mais elle n'imaginait pas encore à quel point, ni que cela allait lui demander autant de temps pour s'en remettre !

Elle sonda son âme, son cœur, s'interrogeant le plus honnêtement possible : quel était son intérêt de repartir là-bas ? Si ce n'était pour vivre une nouvelle souffrance qui ne lui apporterait rien ? Si Allan lui avait fait un signe explicite indiquant qu'il regrettait la décision de Leïla de rompre, elle aurait envisagé les choses différemment… Mais cela n'avait pas du tout été le cas. Allan la contactait très régulièrement, mais il ne lui avait pas fait signe de façon directe pour lui dire qu'il était intéressé par la reprise de leur relation amoureuse, encore moins qu'il était prêt à s'engager avec elle !

Ce qui avait été dit le 8 mars était resté sans suite. Il s'était montré très surpris par cette décision, certes, mais il n'avait pas cherché à la retenir. Et, surtout, il n'était jamais revenu sur la question. L'adage n'affirmait-il pas « qui ne dit mot consent » ? Oui, il avait accepté la séparation sans état d'âme, montrant clairement qu'il ne tenait pas assez à elle pour essayer de la faire revenir…

De plus, si elle repartait au Burundi, cela signifierait qu'elle allait, à nouveau, passer les fêtes de fin d'année toute seule ! Elle avait déjà vécu cette épreuve, et ne tenait pas du tout à la revivre. Cette simple idée lui était insupportable.

La dernière gorgée de son café avalée, Leïla se releva, et alla rincer sa tasse dans l'évier. Prenant son courage à deux mains, la jeune femme retourna dans son bureau et, sans se laisser le temps et l'opportunité de tergiverser encore, composa le numéro de son employeur…

*
* *

— Et qu'est-ce que tu leur as dit ?

Le visage inquiet de sa mère était tourné vers elle, et Leïla eut un pincement au cœur en percevant l'angoisse de la vieille dame. Elles étaient restées seules après un dîner animé et, une fois que les enfants avaient débarrassé la table et fait la vaisselle, ils étaient allés lire un peu dans leur lit avant d'éteindre les lumières pour la nuit. Mère et fille étaient demeurées à table, dégustant une tisane, tandis que les papillons de nuit heurtaient la moustiquaire qui protégeait la fenêtre grande ouverte sur une nuit de velours.

Leïla s'empressa de rassurer sa maman :

— J'ai dit à mon patron que je ne pouvais pas repartir maintenant, pour des raisons familiales.

— Et il a accepté sans protester ?

— Il n'était pas ravi, répondit la jeune femme, mais oui, il n'a pas été trop difficile à convaincre… Tu sais, j'ai toujours accepté les diverses missions qu'on me proposait, ils savent que je ne suis pas du genre à faire un caprice, et que si je dis non, c'est pour une bonne raison ! Et puis, ils ne veulent pas me perdre, ils apprécient mon travail.

— Alors, tu restes là ? demanda sa maman, qui n'osait pas trop y croire.

— Oui ! confirma Leïla avec un sourire. Je peux tout de même beaucoup les aider sur cette mission, tout en travaillant à distance. Dans quelques mois, nous en reparlerons.

Rassérénée, sa maman acheva de boire sa tisane avec beaucoup plus de sérénité. Leïla avait attendu qu'elles soient seules pour lui parler de cette discussion avec son employeur, car elle ne voulait pas perturber Annie et Dave en leur rappelant qu'à tout moment, leur mère pouvait repartir, les quitter à nouveau.

Songeuse, la jeune femme finit sa boisson à son tour. Elle ne disait pas toute la vérité à sa maman, évidemment. Il était inutile de la troubler ! Savoir que sa fille était encore malheureuse, qu'elle ne s'était toujours pas remise de sa rupture avec Allan, ne l'aiderait en rien. Leïla préférait se taire sur les autres motifs de son refus à revenir au Burundi…

Non, y repartir n'avait aucun intérêt pour elle, pour le moment.

Elle faisait le choix de rester auprès de ses enfants, et de s'investir à fond pour développer son entreprise.

Il faut d'abord que je guérisse de lui !

Ce n'était pas encore le cas, mais elle y arriverait. Elle était une femme forte et déterminée. Si elle connaissait ses limites, elle était également parfaitement consciente de ses capacités à faire front, à lutter ! Leïla allait s'engouffrer dans son travail, dans le soutien à ses enfants, elle allait s'investir dans toutes ces activités pour occuper ses pensées et son temps. Pour continuer à tenir. Et guérir, enfin.

16 – Un message imprévu

Lorsqu'elle sortit sur l'esplanade, le contraste entre la fraîcheur, l'obscurité de l'église, et la chaleur et la lumière de l'extérieur la saisit, la faisant s'immobiliser quelques secondes. Éblouie, Leïla chercha ses lunettes noires pour atténuer l'intensité de la lumière éclatante de ce matin d'été. Elle ôta la veste légère qu'elle portait pendant la messe ; car, dehors, la chaleur était aussi intense que la luminosité !

Émerger de l'église était toujours un choc : on passait de ce moment de recueillement et de prières au brouhaha, aux voix qui s'interpellaient, aux cris des enfants qui, libérés, se mettaient à courir et à jouer entre eux ; de la semi-obscurité à la lumière du jour… Comme s'il s'agissait de deux mondes différents, bien distincts l'un de l'autre et, pourtant, indissociables… Il fallait toujours un moment pour passer de l'un à l'autre, une sorte de phase d'adaptation !

— Maman, on peut aller avec mamie acheter le gâteau pour midi ?

Dave sautillait à ses côtés, pressé de bouger un peu après cette longue heure d'immobilité forcée.

— Oui mon chéri, bien sûr ! Je vous retrouve à la voiture.

Annie et Dave s'élancèrent aussitôt, suivis par leur grand-mère bien moins véloce et pressée.

Leïla les regarda disparaître dans l'une des petites rues qui menaient à la meilleure boulangerie de la ville, et dans laquelle ils achetaient toujours leur gâteau du dimanche midi – une tradition familiale, en quelque sorte. Puis, elle se tourna vers l'une des dames de la paroisse qui souhaitait lui parler d'une quête qu'ils organisaient la semaine suivante. Malgré toutes ses occupations professionnelles, Leïla tâchait de s'impliquer dans la vie de la communauté religieuse, de participer à l'effort collectif.

Le parvis se vidait peu à peu des fidèles qui, après quelques échanges de nouvelles et de civilités, rentraient déjeuner chez eux. Certains allaient directement à la plage pour un pique-nique, d'autres partaient en promenade… Sa discussion terminée, Leïla se dirigea vers la voiture, garée un peu plus loin à l'ombre d'un frangipanier. D'un coup d'œil, elle s'assura que sa maman et ses enfants n'étaient pas encore revenus, et elle était en train de se saisir de ses clefs lorsque son portable se mit à vibrer. Elle fouilla dans son sac et finit par trouver l'appareil. En l'allumant, Leïla se demanda s'il s'agissait d'un message d'Allan. Mais il l'avait déjà appelée la veille ? Ou, peut-être, lui envoyait-il une photo ou une vidéo ? Il aimait beaucoup lui faire partager son quotidien et celui de sa famille.

Mais ce n'était pas un message d'Allan. Leïla étouffa un cri de surprise en lisant : « Bonjour, c'est Ryan. Est-ce que c'est bien ton numéro, Leïla ? »

Ryan ! Elle n'en revenait pas ! Pour une surprise, c'était une surprise !

Elle n'eut pas le temps de réfléchir : déjà, Dave courait vers elle, tenant fièrement le gâteau dominical entre ses mains, comme un précieux trophée. Plus posément, sa mère le suivait, sa main dans celle d'Annie. Songeuse, un peu émue, Leïla déverrouilla la voiture et prit place derrière le volant.

*
* *

Vingt ans. Ils ne s'étaient pas vus depuis vingt ans et, pour autant qu'elle le sache, Ryan était mort ! Du moins, elle en était convaincue, tout comme sa famille…

La dernière fois qu'elle l'avait vu, le jeune homme était dans une chambre d'hôpital, dans le coma. Il n'avait pas eu conscience de sa présence à ses côtés, et elle avait été obligée de quitter le pays sans pouvoir lui parler. Les médecins n'étaient pas optimistes, Ryan avait été gravement malade et la rémission semblait impossible. Leïla avait dû quitter le pays pour une mission à l'étranger, et elle était partie convaincue que son ami n'était plus de ce monde… Et voilà qu'il reprenait contact avec elle, vingt années plus tard !

Le plus amusant, peut-être, était que la maman de Leïla avait parlé de lui à peine quelques semaines auparavant, en regrettant qu'ils n'aient jamais réellement su ce qu'il était devenu ! Car Ryan n'était pas seulement l'ami de Leïla, mais celui de toute la famille…

Le soir venu, allongée sur l'un des transats du jardin, la jeune femme attendit que la maison soit calme et silencieuse, sa maman et les enfants au lit, pour répondre enfin au message inattendu.

« Bonsoir, Ryan, oui, c'est bien moi ! » écrivit-elle. « Je suis très heureuse d'avoir de tes nouvelles, je ne m'y attendais pas ! Comment vas-tu ? »

Elle ne savait pas trop quoi dire, malgré sa joie et sa surprise. Elle avait un peu la sensation de parler à l'un des fantômes de son passé…

Leïla avait fait la connaissance de Ryan par l'intermédiaire de sa cousine, alors qu'elle poursuivait ses études en Belgique. Tous les deux étaient de la même nationalité et, très vite, ils étaient devenus amis. Ryan était comme un frère pour elle, un grand frère protecteur et complice. Il avait été un très bon conseiller pour ses études, et l'avait notamment beaucoup aidée dans le domaine financier : c'était sa spécialité et, lorsqu'elle était étudiante, Leïla était vraiment très dépensière ! Il lui avait appris à gérer son budget, l'avait conseillée, guidée…

Plus tard, Ryan était devenu un ami de la famille tout entière, et leur assistant financier. Il avait brillamment réussi ses études, et avait poursuivi une belle carrière dans les finances internationales. Avant qu'il tombe gravement malade et que Leïla doive partir pour l'une de ses premières missions à l'étranger, tous les deux étaient mariés chacun de son côté : Leïla avec Thierry – elle avait déjà donné naissance à Annie, mais Dave n'était pas encore né –, et Ryan avec Marjorie, qui lui avait donné trois garçons. Leur amitié était solide et sincère, et elle avait souvent regretté de ne pas avoir pu lui dire adieu…

Mais il n'y aurait pas d'adieu, en fin de compte… Ryan était bel et bien vivant ! Elle en était tellement heureuse !

« Oh, je suis vraiment content d'être parvenu à te retrouver ! »

La réponse de Ryan, par le texto qu'elle était en train de lire, lui prouva qu'elle n'avait pas rêvé : c'était bien lui.

« Où habites-tu ? » lui demanda-t-il dans la foulée. Leïla lui expliqua qu'elle vivait dans les collines, un peu à l'écart de la ville. En réponse, son ami lui apprit qu'il habitait un peu plus loin, de l'autre côté de l'île, mais qu'il serait ravi de passer lui rendre visite. Ils s'étaient perdus de vue tellement longtemps ! « Il est hors de question que je laisse passer cette occasion de te voir ! »

Leïla sourit en lisant ce message. Ryan n'avait pas changé, semblait-il ! Toujours aussi impulsif, aussi prompt à s'enthousiasmer qu'à se mettre en colère…

À la lueur argentée des étoiles, dans la calme obscurité du jardin où seuls les chouettes et les rongeurs nocturnes troublaient, à peine, le silence, elle échangea alors avec son ami les dernières nouvelles. Bien sûr, ils restaient sur des généralités. Elle demanda des nouvelles de sa famille, de sa femme Marjorie et de leurs enfants, et il lui répondit qu'ils étaient séparés, que les enfants étaient grands maintenant et que lui-même vivait seul.

Cela la surprit beaucoup : Ryan était extrêmement dévoué à sa famille ; il ne vivait que pour elle ! Qu'avait-il bien pu se passer ? Les textos ne prêtaient pas aux confidences, et Leïla attendrait de le voir en face-à-face pour en savoir plus ! De son côté, pour les mêmes raisons, elle ne lui apprit pas son divorce.

Comme il insistait pour savoir quand il pourrait venir lui rendre visite, elle prit le temps de se lever et de se rendre dans son bureau, pour consulter son planning : elle avait vraiment beaucoup de travail, et des réunions prévues toute la semaine. Son agenda était plein comme un œuf pour les jours à venir !

Leïla envoya donc une réponse assez vague, lui promettant de le recontacter dès qu'elle aurait un créneau disponible.

Et elle alla enfin se coucher, en songeant à ces étranges retrouvailles ; pleine de joie, aussi, à l'idée de revoir cet ami qu'elle croyait disparu à jamais de son existence… Le destin est tellement surprenant, parfois ! Sa maman lui parlait de Ryan et, quelques jours plus tard, celui qu'elles considéraient comme mort revenait à la vie, et la recontactait ? Était-ce un signe ? Dans tous les cas, elle était heureuse, et se faisait une fête de revoir son frère de cœur. Penser à lui rappelait d'anciens souvenirs de sa vie d'étudiante, ses rêves d'alors, ses espoirs, ses projets… Comme elle avait évolué, depuis toutes ces années ! Le revoir allait-il être aussi agréable qu'elle espérait, ou bien Ryan aurait-il tellement changé qu'elle le reconnaîtrait à peine ? Ce fut avec le cœur plein de réminiscences qu'elle s'endormit…

Deux jours plus tard, Ryan lui fit parvenir un nouveau message : « Je n'en reviens pas d'avoir enfin pu te recontacter ! Je sais que tu es très occupée, mais tu trouveras bien quelques minutes pour un vieil ami ? J'arrive ! »

17 – Retrouvailles

Lorsqu'elle entendit le ronronnement d'un moteur de voiture, un peu plus loin dans les collines, Leïla sut que c'était lui. Elle essuya ses mains sur son tablier, qu'elle dénoua et rangea, pendu au crochet habituel : elle était en train de préparer les acras de poisson pour le repas du soir, mais elle avait eu le temps de les terminer et de tout nettoyer dans la cuisine.

— Il y a une voiture qui arrive ; tu sais qui c'est, maman ?

Levant le nez de l'ordinateur sur lequel elle travaillait, Annie l'interrogeait avec curiosité. Ses deux enfants faisaient leurs devoirs, tandis que leur grand-mère était partie vaquer à ses occupations à la paroisse de l'Église.

Leïla sourit à sa fille et lui répondit :

— Un vieil ami. On va voir si tu te souviens de lui !

Et elle se dirigea vers la véranda, sortant au moment où la portière du véhicule claquait. Elle resta sur la terrasse pour voir Ryan marcher vers elle, constatant avec bonheur qu'il n'avait que très peu changé malgré les années, voire pas du tout : de taille moyenne, mince et élégant, Ryan avait toujours été un très bel homme ! Et il l'était toujours, de même qu'il avait conservé son goût du raffinement et du luxe : sa voiture était une Mercedes rutilante ; son pantalon à pince, sa chemise et sa veste légère provenaient d'une grande maison de couture… Et son visage était vraiment séduisant. Il lui souriait en s'avançant vers elle d'un pas énergique, ses yeux pétillaient de la joie des retrouvailles :

— Leïla ! Comme je suis content !

Il l'enlaça rapidement, s'écartant ensuite légèrement d'elle pour la contempler tout à son aise :

— Toujours aussi jolie, à ce que je vois ! Le temps n'a pas de prise sur toi, mon amie…

— Quel flatteur ! répondit-elle en riant. Mais merci, et tu ne sembles pas avoir changé d'un iota non plus !

Elle l'invita à entrer dans la maison, et Annie et Dave le saluèrent avec un intérêt manifeste. Leïla vit une petite lueur de reconnaissance s'allumer dans les yeux de sa fille lorsqu'elle se leva, venant vers leur visiteur en lui tendant la main :

— Monsieur Ryan ! Bonjour !

— Je suis flatté que tu me reconnaisses, Annie, déclara Ryan en serrant la main tendue. Mais tu es devenue une vraie jeune fille, dis-moi ! Aussi séduisante que sa mère…

Il a toujours été un charmeur… Leïla souriait en voyant son aînée rougir un peu sous le compliment de ce si bel homme. Même si elle-même le considérait comme un frère, elle pouvait tout à fait comprendre la séduction que cet homme exerçait sur la gent féminine, et cela, quel que soit leur âge ! Ryan aimait plaire, enjôler, séduire, avec un enthousiasme un peu enfantin et sans penser à mal. Pour autant qu'elle le sache, il avait toujours été fidèle à Marjorie, sa femme, et son désir de plaire n'était pas le signe d'un quelconque souhait de conquête ; il venait surtout de sa nature, tout simplement…

Ryan se tourna ensuite vers Dave, qui s'était levé à son tour et lui tendait une main cérémonieuse.

— Tu ne connais pas encore mon fils, annonça Leïla. Ryan, voici Dave. Dave, je te présente un grand ami de la famille, Ryan, que nous n'avions pas vu depuis…

— Vingt ans !

En riant, Ryan acheva sa phrase à sa place, et Dave ouvrit de grands yeux. À son âge, vingt années lui semblaient une éternité ! Ce qui fit sourire à nouveau les adultes – car, eux, ils savaient que vingt années pouvaient passer comme un éclair…

Quelques minutes plus tard, Ryan dégustait une limonade maison, assis à ses côtés sur la véranda, et ils discutèrent avec plaisir – comme deux amis de longue date discutent lorsqu'ils se retrouvent après tant de temps : *que deviens-tu ? Comment vas-tu ? Et ton travail ? Ta famille ?*

Leïla lui annonça alors sa situation de couple ; puisque, lorsqu'elle avait quitté Ryan, elle était alors une jeune mariée :

— J'ai divorcé d'avec Thierry depuis presque deux ans maintenant. Je voyage beaucoup, toujours par monts et par vaux… Ça, ça n'a pas changé !

— Justement ! s'étonna Ryan. Je sais que tu aimes bouger, alors qu'est-ce que tu fais là ?

Il n'avait pas relevé la séparation et le divorce de Leïla, comme si cette nouvelle lui faisait plaisir… Elle écarta cette pensée.

Brièvement, la jeune femme lui expliqua alors la nature de son travail, sa dernière mission au Burundi – en restant sur des généralités, bien sûr, et sans évoquer Allan ! – et les troubles qui l'avaient obligée à rentrer chez elle.

— Ça s'est calmé maintenant, et mon employeur m'a proposé une nouvelle mission là-bas. Mais j'ai refusé, du moins pour le moment : mes enfants ont besoin de moi ! Et je suis en train de créer mon entreprise, en parallèle. Mais parle-moi un peu de toi, Ryan ?

Il lui raconta alors où il en était professionnellement – son entreprise marchait très bien, il avait réussi au-delà de ses espérances ! – et personnellement :

— Nous avons fini par divorcer, Marjorie et moi.

Stupéfaite, Leïla le dévisagea, incrédule. Peut-être avait-il changé, finalement ? Peut-être Marjorie avait-elle demandé le divorce après un adultère de son mari ? Leïla était curieuse de le savoir !

Mais, déjà, Ryan enchaînait en répondant à sa question muette :

— Elle m'a été infidèle… De nombreuses fois ! Crois-moi, la séparation a été douloureuse, nous sommes allés jusqu'au procès. Et ma femme a fini par avouer qu'elle n'avait jamais vu en moi que mes avoirs, et ma réussite. Elle ne m'avait jamais aimé réellement… Elle a eu, au moins, le courage de le reconnaître ! Ce mariage a été une source de peines et de déceptions. Ça a été un coup dur pour moi, tu sais à quel point j'étais dévoué à ma famille…

Oui, elle le savait ! Tout en l'écoutant parler, Leïla observait son vieil ami, et elle avait un peu l'impression de ne l'avoir jamais quitté. Il y avait toujours eu deux facettes en lui, deux visages. D'un côté, il y avait le leader : le chef d'entreprise charismatique, autoritaire, narcissique… Elle l'avait toujours connu entouré d'admirateurs – et d'admiratrices ! – même à l'époque de l'université.

Il était centré sur lui-même, très attentif à son image, attiré par le prestige et le luxe, sûr de lui… Et il voulait toujours avoir raison, même sur les sujets les plus anodins. On pouvait lui reprocher une certaine arrogance, un aspect superficiel aussi, et une ambition dévorante !

Pourtant, Leïla connaissait également l'autre visage de Ryan, celui qu'il voulait bien montrer lorsqu'il était assez proche de quelqu'un, qu'il accordait sa confiance : c'était aussi un homme courageux, énergique, un idéaliste au grand cœur. Elle savait à quel point la famille, ses enfants comptaient pour lui, et ce divorce avait dû ébranler les fondations mêmes de son existence ! Sa dévotion envers les siens était sans faille…

Après une bonne heure de discussion, Ryan lui déclara :

— Il faut que tu sortes un peu, tu aimes toujours autant rester chez toi, à ce que je vois ! On va sortir.

Leïla refusa, en répondant :

— On pourra se voir plus tard.

Un peu déçu, Ryan salua les enfants avant de reprendre sa voiture. Mais, une demi-heure plus tard, alors que Leïla était retournée à son ordinateur, elle entendit à nouveau le moteur de la Mercedes ! Surprise, elle sortit sur la véranda, et vit Ryan qui la hélait, debout à côté de sa voiture :

— Non, je ne vais pas te laisser comme ça ! Viens, on va marcher et parler un peu.

Annie, qui s'était postée, entre-temps, aux côtés de sa mère, renchérit :

— Il a raison, maman, tu es toujours à la maison ! Tu ne sors pas, tu ne reçois personne… Ça va te faire du bien !

Leïla céda.

Après tout, elle pouvait bien laisser son travail de côté quelques minutes encore ! Elle alla chercher une veste et monta dans la voiture de son ami. Ils allèrent jusqu'à la plage, presque déserte à cette heure, et ôtèrent leurs souliers, Ryan retroussant le bas de son pantalon, pour aller se promener dans le sable. C'était si agréable, avec la fraîcheur du soir qui tombait et la plage rien que pour eux ! Pendant plus d'une heure, ils marchèrent, rirent de bon cœur, parlèrent de tout et de rien… Il lui raconta tout ce qu'il s'est passé depuis vingt ans, et elle fit même : ils rattrapèrent le temps perdu. Il n'y avait jamais eu de secrets entre eux…

Puis, alors que le soleil se couchait à l'horizon, Ryan la ramena chez elle. Ils promirent de se revoir très vite : deux frères et sœurs qui s'étaient retrouvés…

18 – Réminiscences

« Maman, tu sais où est le plaid rouge ? »

La vieille dame était en train de lire tranquillement dans son rocking-chair, sur la véranda. Avec un sursaut, elle leva des yeux surpris vers sa fille, qui se tenait debout face à elle.

— Quel plaid, ma chérie ?

— Tu sais, celui que nous utilisions pour pique-niquer avec Nick, quand on était gamines ?

— Houlàlà, je ne sais plus, moi ! Il est tellement vieux ! Tu as regardé au grenier ? Mais pourquoi veux-tu cette couverture ? Elle est vieille et tout usée !

— Je l'aimais beaucoup ; j'ai envie de voir si on peut encore l'utiliser… Au grenier, tu dis ? Je vais voir !

Leïla laissa sa maman à sa lecture, et grimpa quatre à quatre les marches de l'escalier qui menait sous les toits de la vieille maison : le grenier occupait tous les combles ; c'était une immense pièce, éclairée par une unique lucarne dont les vitres sales ne laissaient filtrer qu'une chiche lumière. La jeune femme s'arrêta sur le seuil, embrassant du regard tout le fatras qui y était accumulé : des cartons pleins de vieilleries, des meubles que la famille n'utilisait plus depuis des lustres, les anciens jouets d'Annie et de Dave, leur landau, leur poussette… Sa mère ne jetait ni ne vendait jamais rien, c'était même un sujet de plaisanterie dans la famille ! Elle se résignait seulement à donner les choses dont les membres de la paroisse avaient besoin.

Un peu découragée par tout ce bazar, Leïla se demanda comment diable elle allait pouvoir retrouver le vieux plaid là-dedans ! Quelle idée, aussi, de vouloir remettre la main dessus, alors qu'elle disposait de couvertures toutes neuves ? C'était une sorte de caprice de sa part : ses retrouvailles avec Ryan avaient réveillé en elle une espèce de nostalgie, comme un rappel doux-amer de son passé. Elle avait été saisie par le besoin de ce retour en arrière…

Bon ! Allons-y, courage, ma fille !

Commençant par ce qui lui semblait le plus logique, Leïla attaqua une pile de cartons sur sa gauche. Le premier ne contenait que du linge, des bavoirs et des grenouillères d'Annie et de Dave, et elle le posa à côté. Un nuage de poussière l'enveloppa, la faisant éternuer, et elle ouvrit le second.

Bingo ! Leïla reconnut le tissu rouge et bigarré, soigneusement plié au-dessus d'une pile de serviettes et de taies d'oreiller défraîchies dont la famille n'avait plus l'usage. Elle le déplia, le secoua un peu, recommença à éternuer… À la chiche lumière de la lucarne, elle se rendit alors compte que le plaid de son enfance était mangé par les mites, dans un état pitoyable.

Au temps pour la nostalgie ! songea-t-elle, en repliant la couverture inutilisable.

Par curiosité – tant qu'à faire d'être là… –, la jeune femme jeta un œil dans le carton du dessous.

Celui-ci était plein à ras bord de photos. Des tas et des tas de photographies, amoncelées dans un désordre chronologique total ; certaines étaient en noir et blanc, d'autres plus récentes… Sa maman avait constitué ses albums avec ses clichés préférés, et avait gardé le reste ici. Intriguée, comme appelée par ces images du passé, Leïla fit glisser le carton à ses pieds et se laissa tomber sur un vieux canapé, dont les ressorts gémirent plaintivement sous son poids.

La lumière était à peine suffisante pour qu'elle puisse distinguer ce qu'elle avait sous les yeux. La jeune femme sourit devant des clichés de ses grands-parents, solennels et un peu guidés, qui étaient venus poser chez le portraitiste. Il y avait aussi ceux du mariage de ses parents, des premières communions de leurs filles, des anniversaires, des réunions de famille…

Comme enveloppée par ses douces réminiscences, elle savoura chaque photographie, qui lui rappelait chacune des souvenirs, des anecdotes… Et elle s'arrêta devant une image d'elle-même, sur la plage, avec sa sœur Nick : elles étaient âgées d'environ 4 et 6 ans et toutes les deux souriaient largement à l'objectif, deux petites filles heureuses et sereines… Tout était si simple, alors, si évident ! Elle ne doutait pas, elle ne s'interrogeait pas. Elle était certaine de recevoir à la hauteur de ce qu'elle donnait.

Leïla caressa le cliché du regard et du cœur. Quelle chance elle avait eue, avec cette enfance heureuse ! Depuis sa naissance, elle avait été bien entourée, vraiment gâtée. Une famille peu nombreuse, des parents qui aimaient profondément leurs filles et leur avaient inculqué les valeurs qui avaient fait d'elle ce qu'elle était aujourd'hui…

Leïla avait eu une bonne éducation ; c'était une enfant très réservée, discrète, prévenante. Et on lui avait inculqué, très tôt, le respect des consignes, la valeur de la parole donnée et de l'engagement, l'honnêteté, la droiture… Elle avait toujours été très proche de sa maman, qui avait toujours tout fait pour qu'elle ait confiance en elle et en ses capacités. Grâce à elle, Leïla avait réussi ses études et sa carrière. Grâce aux valeurs qui étaient devenues siennes, elle était la femme qu'elle était aujourd'hui…

En regardant ces photos, en faisant défiler sous ses yeux les images de son passé, elle se rendit compte que ce qu'elle avait vécu enfant ne l'avait pas préparée à la réalité : tout ce en quoi elle croyait – le vrai amour, le respect des règles… –, ce n'était pas ce qui arrivait dans la vie quotidienne ! Leïla était allée de déceptions en déceptions, surtout dans sa vie amoureuse ; son premier amant et mari, Thierry, s'était avéré un homme un peu faux, qui n'avait pas le sens des responsabilités.

Or, on lui avait toujours appris à assumer ses responsabilités, à s'engager !

Elle s'était retrouvée face à des gens égoïstes, et on ne l'avait pas élevée comme ça, on ne l'avait pas préparée à ça… Leïla avait le sens du devoir, du partage, elle était généreuse !

En reposant l'un des clichés, la jeune femme se demanda, simplement : pourquoi ? Est-ce que c'était cette éducation qui était la cause de ses déceptions ? Si elle avait été élevée autrement, si elle ne s'était pas accrochée à ses valeurs, sa vie aurait-elle été différente ? Serait-elle restée avec Allan ?

Ce n'est pas cette vie dont elle rêvait. Elle avait fait en sorte que ses relations sentimentales soient différentes, mais le destin en avait voulu autrement… Plongée dans ses pensées, le regard perdu dans le vague, Leïla se laissa entraîner par ce questionnement à tous points de vue : est-ce que la vie est injuste ? Est-ce qu'on a vraiment ce qu'on mérite ? Elle était, elle le savait, « quelqu'un de bien » ! Elle méritait autre chose, une personne qui partage ses valeurs, qui s'engage… Était-ce seulement possible ?

Et est-ce que la façon d'être d'Allan, son incapacité à donner de l'amour, lui venait de son enfance ? C'était un homme qui se comportait comme s'il n'accordait pas beaucoup d'importance à l'amour ; il était plutôt dans l'avoir que dans l'être, dans l'apparence plutôt que dans la sincérité et la profondeur des sentiments…

Est-ce qu'il avait vécu des désillusions, qui l'auraient conduit à cette attitude ? Est-ce que c'était ce qu'il avait vécu dans son enfance qui l'avait rendu ainsi ? Des expériences douloureuses, des déceptions ?

Ou encore, n'était-ce qu'un masque ? Est-ce qu'il cachait ses émotions, ou bien ne ressentait-il rien ?

Dans ce grenier sombre et poussiéreux où étaient remisés son passé et ses souvenirs, Leïla interrogeait son cœur, son âme. Pour la première fois, peut-être, elle mesurait le gouffre qui s'était creusé entre ce qu'elle vivait, et ce dont elle rêvait… Allait-elle pouvoir, un jour, réaliser ses rêves ? Ou bien était-elle condamnée à n'avoir que des illusions ? Et, donc, des déceptions ?

À un moment, est-ce que je vais pouvoir vivre tout ce dont je rêve ? Enfin ?

Leïla combattit la tristesse et la peine. Elle était ce qu'elle était, il était bien trop tard pour se comporter comme une autre personne – qu'elle ne voulait, de toute façon, pas être ! Les valeurs qui l'avaient construite depuis son enfance étaient, dorénavant, profondément ancrées en elle. Et elles lui donnaient son identité ! Se demander si, en étant une autre personne, elle aurait pu réaliser ses rêves, cela n'avait pas vraiment de sens : si elle était une autre personne, ses rêves seraient, de toute manière, totalement différents !

Elle était ce qu'elle était, et elle pouvait en être fière. Il lui fallait, dorénavant, trouver quelqu'un à sa mesure…

En étant, toujours, respectueuse et respectable, trouvera-t-elle un homme capable de l'apprécier, quelqu'un qui recherche ces valeurs, les qualités que possède Leïla ?

En soupirant, la jeune femme rangea, une à une, les photographies là où elle les avait prises, et referma le carton. Elle quitta le grenier en frissonnant un peu, comme si elle laissait derrière elle un petit bout d'elle-même…

19 – Le rêve d'une mère

La vieille dame était ravie, et elle n'en revenait pas. Si ça, ça n'était pas une coïncidence extraordinaire !

— Tu te rappelles ? Je t'avais demandé si tu avais eu des nouvelles de lui, à peine quelques jours avant ! Je suis tellement contente de savoir enfin ce qu'il devient… C'est Dieu qui vous a réunis, j'en suis sûre !

Sa fille lui sourit, penchée sur l'étal de mangues, pour se saisir des fruits et s'assurer de leur maturité avant de les mettre dans le panier en osier qu'elle portait à son bras.

— Le Seigneur, je ne sais pas, répondit Leïla en palpant doucement le fruit, avant de l'écarter et d'en choisir un autre. Mais c'est une heureuse coïncidence, ça, c'est certain !

Martha se tut, mais elle n'en pensait pas moins. Elle ne croyait pas au hasard. Par contre, elle croyait en Dieu, qui pouvait tout rendre possible !

Mère et fille se trouvaient toutes les deux au marché de la ville et faisaient leurs courses, chacune portant son panier, dans les effluves appétissants des plats en train de mijoter, des condiments, et des couleurs éclatantes des fruits, des légumes, des épices… Il y avait beaucoup de monde, mais personne ne se bousculait. La plupart des gens se connaissaient, et çà et là, de petits groupes s'arrêtaient au cours de leurs emplettes pour discuter, échanger les dernières nouvelles… Cela créait de petits embouteillages, mais personne ne s'en plaignait. L'atmosphère était joyeuse, détendue, personne n'était pressé !

La matinée débutait à peine : dans quelques heures, il ferait trop chaud pour sortir en plein soleil ; donc, chacun profitait des heures les plus fraîches.

Martha laissa sa fille payer les divers fruits qu'elles avaient choisis puis, tranquillement, elles se dirigèrent vers le stand du poissonnier : Martha avait envie de préparer des sardines grillées pour le déjeuner ; les enfants seraient ravis !

Au bout de quelques pas, elle reprit la conversation sur le sujet qui l'intéressait :

— Alors ? Tu ne m'as rien raconté !

— À quel sujet ?

Leïla était parfois si réservée ! *À quel sujet, vraiment ?*

— Mais au sujet de Ryan, évidemment ! répliqua-t-elle. Comment va-t-il ? Est-ce qu'il a changé ? Est-ce qu'il aime toujours autant les voitures luxueuses ? Et son travail ? Et…

Leïla l'interrompit en éclatant de rire :

— En gros, tu veux tout savoir ?

— Mais oui ! C'était un ami très cher, et je me suis souvent demandé ce qui lui était arrivé… Pour autant qu'on le sache, il était mort, tout de même ! C'est miraculeux qu'il s'en soit sorti !

— C'est vrai, ses médecins n'en revenaient pas. Il est resté longtemps à l'hôpital pour s'en remettre, mais il a fini par sortir du coma et par guérir tout à fait. Il n'a plus aucune séquelle de sa maladie, à présent, il est en pleine forme ! Et non, il n'a quasiment pas changé… Toujours aussi séduisant et élégant, toujours avec les mêmes goûts de luxe… Son entreprise est en plein essor, une vraie réussite ! Il vit de l'autre côté de l'île, désormais ; dans un grand studio.

— Un studio ? s'étonna Martha. Pour une famille, ce n'est pas un logement très adapté…

— Ses enfants sont grands, maintenant, répondit Leïla. Et, de toute façon, il est célibataire.

— Comment ça ?

De stupeur, Martha s'était arrêtée net en pleine marche, au milieu des étals, et l'un des promeneurs juste derrière elle n'eut pas le temps de s'arrêter : il la heurta légèrement, déséquilibrant la vieille dame. Il y eut moult excuses et chacun reprit son chemin.

— Comment ça, célibataire ? Ne me dis pas que Marjorie est décédée !

Elles étaient arrivées devant l'étal du poissonnier, devant lequel une longue file de clients qui attendaient leur tour s'allongeait – ses produits étaient très appréciés.

Mère et fille prirent place dans la queue, tandis que Leïla répondait :

— Mais non, maman, Dieu merci ! Marjorie n'est pas décédée, ils ont divorcé.

Martha avait l'impression d'avoir reçu un coup de massue ! Elle savait à quel point il était attaché à sa famille, à quel point il aimait ses enfants et sa femme… Ce divorce lui paraissait incompréhensible ! Quelle femme quitterait un homme pareil, séduisant, dévoué, et riche de surcroît ? Un soupçon se forma immédiatement dans son esprit. Forte de son expérience – lorsqu'elle entendait ce genre de nouvelles, l'explication était souvent la même –, elle s'enquit :

— Qu'est-ce qu'il a fait pour que la femme divorce ? Il l'a trompée, n'est-ce pas ? Je n'aurais jamais cru ça de lui… Ça a toujours été un charmeur, c'est vrai, mais je le croyais constant !

— Ce n'est pas ça du tout, maman, répondit gravement Leïla. C'est même exactement l'inverse : c'est Ryan qui a demandé le divorce ; il a eu des preuves d'infidélité de sa part à elle…

La vieille dame ressentit beaucoup de peine à cette annonce ; Ryan était un homme honnête et prévenant, il ne méritait pas d'être trahi par son épouse ! Pauvre garçon… Elle le connaissait depuis tellement de temps ! C'était presque un frère, à l'époque, pour sa fille ; c'était donc, un peu, son fils…

Elles avançaient dans la file d'attente, ça allait bientôt être leur tour. Martha repéra rapidement les sardines qu'elle voulait acheter, et leur allure lui convint tout à fait. Elle allait préparer un excellent repas pour ce midi ! Mais la pensée de Ryan, tout seul dans son studio et trahi par son épouse adultère, ne cessait de la hanter. Leïla reprit alors :

— D'ailleurs, il m'a demandé s'il pouvait t'appeler ; il garde de si bons souvenirs de toi ! Je lui ai donné ton numéro, je savais que tu serais heureuse de recevoir un appel de sa part.

— Bien sûr ! répondit-elle, aux anges. Tu me donneras aussi le sien ?

Leïla acquiesça, tandis que c'était enfin leur tour de passer commande. Elles achetèrent les sardines convoitées, et repartirent tranquillement vers leur voiture, leurs emplettes terminées.

Tandis qu'elles s'éloignaient de la place du marché, s'enfonçant dans des ruelles plus tranquilles, Martha déclara, l'air de rien :

— Finalement, c'est tout de même surprenant, la vie… Vous étiez amis, et maintenant, vous êtes divorcés tous les deux…

Leïla ne renchérit pas, et sa mère se garda bien d'avouer l'idée qu'elle avait en tête. Elle connaissait sa cadette, il était inutile de chercher à l'influencer. Depuis ces dernières années, son cœur de maman souffrait de la voir malheureuse – car Leïla l'était, même si elle le cachait bien ! Elle n'avait pas montré son inquiétude à sa fille lorsque cette dernière lui avait parlé d'Allan, mais elle savait, elle percevait dès le début que cette liaison ne pourrait pas la rendre heureuse. Leïla était une jeune femme entière, et intègre. Elle s'engageait totalement, sans tergiverser, avec sa générosité coutumière… Sa mère était désolée de la voir aussi déçue, elle méritait tellement mieux !

Que Ryan refasse soudain surface de cette manière… Et, qui plus est, un Ryan célibataire ! Il serait parfait pour elle : ils étaient déjà complices, des confidents et des amis, une base très solide pour une relation amoureuse. Et puis, cet homme avait une belle situation, il était dévoué aux siens…

Non, elle ne pouvait pas parler à Leïla des espoirs qui commençaient à se former dans son cœur. Pourtant, en secret, elle savourait déjà cette pensée : Martha voyait déjà en Ryan l'homme avec lequel sa fille allait refaire sa vie…

20 – La déclaration

Il n'était pas encore 7 heures du matin et, déjà, la lumière du soleil jouait sur la surface miroitante de l'eau, dansant sur les vagues, comme prête à prendre son envol.

La journée s'annonçait magnifique : un peu de vent, juste assez pour permettre aux voiles du bateau de faire leur office : Ryan n'avait pas eu besoin d'allumer le moteur depuis qu'ils avaient quitté le port, quelques minutes auparavant. Il naviguait à la voile – ce que Leïla préférait, elle n'aimait pas les odeurs de gazole ni le bruit assourdissant du moteur, qui l'empêchait de profiter du silence ponctué des cris des mouettes.

— Tu veux du café ?

Sortant de sa méditation, Leïla se tourna vers son compagnon de route : Ryan était vêtu d'un pantalon de toile, d'un tee-shirt Lacoste et d'un blazer léger, le tout très élégant, parfait pour une sortie en mer. Ses yeux brillaient et son visage aux traits fins et énergiques était joyeux, détendu.

Elle lui sourit :

— Oui, je veux bien. Mais tu es à la barre, je m'en occupe.

— Non, non, prends ma place ! Je vais te montrer. J'ai tout préparé pour que nous ayons un petit-déjeuner de rois !

La jeune femme hésita un peu : elle n'était pas accoutumée à la navigation. Ici, sur l'île, surtout si près des côtes, tout le monde avait, un jour ou l'autre, mis le pied dans un bateau. Mais entre se prélasser dans le cockpit en admirant le paysage et effectuer les manœuvres indispensables, il y avait un monde !

Pourtant, elle n'hésita pas longtemps. Elle le rejoignit à la barre et, tranquillement, Ryan lui expliqua comment procéder pour garder le cap.

— Il n'y a aucun danger, pas de bateau à l'horizon, ajouta-t-il. Tout ce que tu as à faire, c'est tenir ta route ! Je reviens tout de suite.

Leïla regarda Ryan s'éloigner dans le petit roof, où il avait déposé un grand panier juste avant de lever l'ancre. Elle savoura quelques instants cette exquise sensation de solitude et d'espace, le chant des vagues et l'odeur piquante du sel et de l'iode.

Le voilier gîtait légèrement, filant sur les vagues, glissant comme une comète dans le ciel. À part quelques bateaux de pêche dont on apercevait les minuscules silhouettes, au loin vers le large, ils étaient seuls au monde...

Lorsqu'il lui avait proposé de l'accompagner pour une petite virée en mer, Leïla avait d'abord hésité. Elle avait beaucoup de travail, et Annie préparait un concours et avait besoin d'elle. Mais Ryan avait insisté, et sa fille était en week-end !

— J'ai un ami qui me prête son petit voilier, tu ne peux pas rater cette occasion ! lui avait-il dit en insistant.

Et elle avait fini par accepter... Son ami était venu la chercher dès l'aube, alors que ses enfants dormaient encore, et il avait préparé un petit-déjeuner dans un grand panier en osier, qu'ils prendraient lorsqu'ils seraient en mer.

Il fallait avouer que c'était une bonne idée : naviguer était très plaisant, et elle avait bien le droit, de temps en temps, de se détendre un peu !

— Tout est prêt, Madame ! annonça Ryan en surgissant à ses côtés. On va jeter l'ancre près de la côte, là-bas, il y a une petite crique très agréable.

Il prit les commandes, et la manœuvre fut assez rapide. Une fois l'ancre jetée et les voiles affalées, Leïla s'installa dans le roof à ses côtés. Le soleil commençait à taper, elle mit des lunettes de soleil et son chapeau, tandis que Ryan leur servait du café.

Il avait pensé à tout : thermos de café et de jus d'orange, viennoiseries, fruits, confitures… Le repas était disposé sur la petite table du roof, et tous deux mangèrent de bon appétit. Le voilier dansait légèrement sur son amarre, mais la mer était calme, le silence seulement troublé par les cris des mouettes qui nidifiaient dans les rochers. Ces derniers s'élevaient autour d'eux en remparts infranchissables. Leïla ne connaissait pas ce secteur ; c'était beau et sauvage.

— Tu sais, je suis vraiment heureux de t'avoir retrouvée, lui dit alors Ryan en reposant sa tasse vide.

— Moi aussi, je suis contente ! répondit la jeune femme en se resservant. C'est quand même amusant, les coïncidences… Ma mère parle de toi et, quelques jours plus tard, tu réapparais !

— Je ne crois pas que ce soit une coïncidence… J'appellerais plutôt cela le destin.

— Un terme fort ! Nos retrouvailles sont…

— Inespérées ! la coupa Ryan.

Son visage, habituellement rieur et détendu, se fit soudain grave quand il enchaîna :

— Tu sais, maintenant, je peux te le dire.

Surprise par sa gravité soudaine, Leïla ne put que demander :

— Me dire quoi ?

— Te dire que je t'aime. Et que je t'ai, d'ailleurs, toujours aimée.

Elle en resta muette de stupéfaction, dévisageant son ami sans parvenir à saisir le sens des mots qu'il venait de prononcer. L'aimer ? Comme un amant, non comme un ami ?

— Je ne comprends pas, se décida-t-elle à répondre. Je t'ai toujours considéré comme un frère, un confident… D'après ta voix, toi, tu me parles d'autre chose…

— Oui, je te parle d'amour, Leïla. C'est pour cela que je voulais te voir en privé, t'enlever à tes enfants et à ta famille pour t'ouvrir enfin mon cœur. Si tu avais été toujours mariée à Thierry, si j'avais toujours été marié à Marjorie, j'aurais continué à me taire… Mais te savoir enfin libre, quand je le suis aussi, c'est un signe du destin et je ne peux pas le laisser passer ! Tu dois savoir que, oui, je t'ai toujours aimée… Depuis très longtemps, en fait ! J'ai dû enfouir ce sentiment tout au fond de moi, très profondément, pour ne pas me trahir : tu étais en couple et je ne voulais pas te mettre dans une situation embarrassante. Et je l'étais aussi, évidemment ! Tu sais à quel point ma famille comptait pour moi… Je n'aurais jamais rien fait qui puisse la mettre en danger. Mais maintenant ! Maintenant, Leïla, tu es libre !

Comme il se taisait enfin, la jeune femme le dévisagea avec des yeux ronds, incrédules. C'était vraiment la dernière chose à laquelle elle aurait pensé de sa part ! Ils s'étaient côtoyés durant tellement d'années… Et jamais Ryan n'avait eu un mot, un geste, pas même un regard qui aurait pu laisser deviner ses sentiments !

Comme s'il lisait dans ses pensées, son compagnon se pencha vers elle et lui prit les mains, la regardant droit dans les yeux :

— Je sais que cela doit te causer un choc, car j'ai toujours su parfaitement contrôler mon attitude envers toi. Mais je te le jure, je suis sincère. Mes sentiments pour toi le sont aussi et, à présent, il n'y a plus d'obstacles entre nous !

— Mais tu… Enfin, Ryan, nous sommes amis depuis notre adolescence ! protesta Leïla. Je te vois comme un ami, un complice, un frère… Rien d'autre, et ce depuis plus de trente ans ! Toutes ces années durant lesquelles nous sommes restés éloignés l'un de l'autre et que je te croyais mort, je ne regrettais que l'ami. Je ne peux pas te voir autrement, pas maintenant !

— Mais pourquoi pas ? Est-ce que je te déplais ? J'ai une excellente situation, je suis libre, je t'aime, et je…

Le regard de son amie l'incita à s'arrêter net : il allait trop loin, et il allait trop vite. Elle venait de recevoir un choc, il lui fallait du temps pour s'en remettre et se faire à cette idée… Le considérer autrement, comme une femme considère un amoureux potentiel ! Il la connaissait, la braquer serait la pire des choses.

C'est pourquoi il reprit, plus calmement et en lui lâchant les mains :

— Nous avons tout le temps de refaire connaissance, tout notre temps ! Je n'attends rien pour le moment, c'est trop tôt… Restons amis, retrouvons notre complicité d'antan… Le reste viendra tout seul, en son temps, j'en suis convaincu. Sache que je suis prêt à tout pour t'avoir, et faire tout ce qui peut te rendre heureuse ; tu le mérites. Je suis un homme très rationnel, tu le sais…

Sur ces mots, Ryan sourit, confiant, et alla redéployer les voiles, remonter l'ancre du navire pour repartir. Songeuse, Leïla le regarda faire, l'aidant pour quelques manœuvres, et plus un mot sur ce sujet ne fut prononcé pendant qu'ils reprenaient la mer.

Mais pour la jeune femme, tout avait changé. Elle observait Ryan avec de tout autres yeux, à présent ! L'argument qu'elle lui avait donné, à savoir qu'elle ne pouvait pas le voir autrement qu'en tant qu'ami, n'était pas tout à fait faux, mais il était insuffisant pour expliquer son… malaise à l'idée d'avoir un autre genre de relations avec Ryan.

C'était un homme bien, elle le connaissait par cœur, elle avait confiance en lui ; il était très séduisant, riche… Et il l'aimait !

Alors ? se demanda-t-elle, tandis que le voilier filait sur la mer et traçait son éphémère sillon dans les vagues aigues-marines. Alors, il y avait quelque chose qu'elle ressentait, sans pouvoir l'expliquer ni le mettre en mot. Une espèce de méfiance, une intuition… Non pas qu'il ne soit pas sincère, mais sur autre chose…

Oui, Ryan avait raison : elle avait besoin de temps, mais pas forcément pour tomber amoureuse ! Plutôt, pour voir plus clair en elle-même…

21 – Les nouvelles (3)

Lettre de Marguerite à Leïla

« *M**a chère amie,*
J'ai été ravie d'apprendre que ta nouvelle activité professionnelle est lancée, et que tu as tes premiers contrats signés, c'est une grande victoire ! Je suis sûre que toute ta famille est très fière de toi – en tous les cas, Patricia et moi le sommes, sans aucun doute ! J'en profite, d'ailleurs, pour te transmettre toutes ses amitiés de la part de ma tante, qui a très envie de te revoir, tout comme moi.

Tu m'as informée que tu n'avais pas donné suite à la proposition de ton employeur pour une nouvelle mission au Burundi, et je comprends tout à fait tes raisons : les enfants doivent, bien sûr, être ta priorité ! Mais j'espère – nous espérons tous ! – qu'une autre occasion se présentera bientôt, pour toi, de venir nous rendre visite au pays… Tu nous manques beaucoup, tu le sais, et je serais tellement heureuse de t'avoir à mes côtés, en ce moment !

Si tu suis les informations internationales, tu ne dois plus beaucoup entendre parler du Burundi : la situation est, enfin, complètement apaisée. L'armée a cédé et de nouvelles élections ont eu lieu. Le gouvernement civil est de nouveau en place et il n'y a plus de troubles ni de manifestations. Restent les disparus, tous ceux qui se sont comme évaporés pendant les émeutes et que l'on n'a jamais revus…

J'ai donc repris mon bâton de pèlerin pour me mettre à la recherche de Chris, le fils de mon amie Monique. Cette dernière n'est plus en état de s'occuper de cette quête, malheureusement : elle est tombée gravement malade, et elle ne quitte plus son lit. La petite Gemma veille sur elle, car sa mère ne se lève plus guère… Je suis sûre que la disparition de son garçon en est la cause principale ! Moi-même, je ne suis pas en forme du tout, mais je ne peux pas abandonner cette femme si gentille, et qui a déjà tellement souffert !

Dieu merci, l'un des membres de l'Église du Bon Berger m'épaule dans cette quête : Théodore est un jeune homme sympathique et dévoué, profondément croyant, et il s'occupe de tous les aspects les plus ardus de notre recherche : les déplacements, notamment, dans les divers ministères de la capitale, pour essayer d'obtenir des informations. Il est d'une incroyable ténacité, ne se décourageant jamais malgré toutes les portes qu'on lui claque au nez et les fins de non-recevoir qu'on lui envoie ! Il a pris fait et cause pour Monique et sa famille, et heureusement qu'il est là…

J'ai contacté toutes les personnes que j'avais dans mon carnet d'adresses, absolument toutes ! De la simple femme au foyer au secrétaire d'ambassade, de l'épouse du Consul jusqu'au petit-fils de l'ancien président… Notre famille est connue et respectée dans ce pays, et nous connaissons à peu près tout le monde. À un moment ou à autre, nous avons rendu des services qui attendent d'être rendus… Mais, pour le moment, je n'ai pas obtenu gain de cause.

Mais nous avons tout de même obtenu, Théodore et moi, une piste plus que prometteuse.

Il y a environ une dizaine de jours, l'une de mes connaissances — une secrétaire d'ambassade — m'a informée que son fils aîné avait été pris dans l'une des émeutes funestes qui avaient agité le pays le mois dernier. Jean — c'est le prénom de son fils — étant à peu près de l'âge de Chris, *elle lui a parlé de sa disparition et il lui a dit qu'il connaissait ce garçon, qu'ils étaient dans le même club de foot et, mieux encore, que Chris était présent lors de cette fameuse émeute ! La date correspondait à celle de sa disparition, j'étais pleine d'espoir !*

Je suis donc allée le voir, avec Théodore. Jean nous a raconté qu'ils avaient participé à l'insurrection "pour s'amuser", en sortant de leur collège avec trois de ses amis. Ils avaient croisé Chris dans la rue et l'avaient invité à se joindre à eux. Jean nous a expliqué qu'ils avaient monté des barricades, enflammé des piles de pneus usés pour bloquer les rues… Certains des manifestants – mais pas les cinq adolescents qui constituaient leur groupe – étaient armés : des machettes, des couteaux, parfois de vieux fusils plus dangereux pour leurs propriétaires qu'autre chose… "Mais ça faisait quand même peur, on a fini par avoir moins envie de rire après la première période d'excitation", nous a confié Jean. "Les types étaient survoltés, presque hystériques, et les femmes n'étaient pas en reste ! On a paradé un peu comme des idiots, au début, et puis après on a voulu s'éclipser avant que ça dégénère : on avait entendu des gars crier que l'armée arrivait, avec des chiens et des boucliers antiémeutes, et peut-être même des armes ! Seulement, quand on a voulu partir, c'était trop tard : les militaires étaient déjà là, et il y a eu un grand mouvement de foule ! Ça poussait de tous les côtés, ça criait, ça se bousculait… Un homme m'a bousculé violemment et je suis tombé dans la poussière, j'ai même failli être piétiné ! Quand j'ai réussi à me relever, je ne voyais plus mes copains, j'étais perdu, affolé… Il y a eu des coups de feu de notre côté, et les soldats ont répliqué avec des canons à eau et des gaz lacrymogènes. C'était le chaos le plus total, j'avais les yeux en feu, j'ai été éjecté par la puissance du jet d'eau… Je ne sais même pas comment j'ai réussi à m'extraire de cet enfer ! Je crois que j'ai rampé, même. Et, quand j'ai pu me remettre debout, avant de courir à l'abri, vers des rues plus sûres et tranquilles, je me suis retourné : j'ai vu Chris, et il était méconnaissable ! Il brandissait une vieille pétoire, sans doute prise à l'un des manifestants, et il vociférait comme tant d'autres à l'adresse des militaires qui chargeaient… Puis les fumées ont tout envahi. Il a disparu de mon champ de vision, une balle m'a frôlé la joue… Je n'oublierai jamais cette peur ! Je n'ai plus réfléchi et je me suis mis à courir, à courir… Je ne me suis arrêté qu'une fois arrivé devant le porche de ma maison !"

Jean semblait avoir été traumatisé par cette expérience — où il avait bien failli perdre la vie. Il n'avait plus jamais entendu parler de Chris, ni d'aucun des trois autres adolescents avec qui il était ce jour-là : tous les quatre avaient disparu, et les recherches de leurs familles n'avaient rien donné…

J'ai été atterrée par cette histoire. Imaginer Chris, que je connais depuis sa naissance, menacer des soldats avec une arme ! Dans quelle galère est-il allé se mettre ? Mais, pour la première fois, j'avais enfin un récit détaillé sur les instants précédant sa disparition, et sur ses circonstances. D'après Théodore, il a sans doute été considéré comme un émeutier dangereux s'il était armé !

Ces dernières semaines, nous avons fouillé tous les hôpitaux et les hospices, en vain. Je refuse de croire que des gens, militaires ou civils, aient pu laisser un adolescent agoniser dans la rue, sans même prévenir la famille ; il est donc bien vivant, quelque part… Sans aucun doute, en prison !

C'était la seconde option, et celle que je redoutais. Car, tu t'en doutes, il est bien plus facile de visiter un hôpital qu'une prison militaire… Il faut comprendre qu'après tout ce qu'il s'est passé dans le pays, c'est vraiment très compliqué de trouver de l'aide pour découvrir la trace d'un prisonnier "politique" : c'est ainsi qu'ils appellent les insurgés qu'ils ont pris dans leurs filets, et jetés en geôle. Il y a eu beaucoup de prisonniers, et l'armée garde jalousement ses secrets…

J'ai réussi, à force d'obstination et grâce à mes relations personnelles, à obtenir un rendez-vous dans une semaine avec Alain Pardier, un conseiller dans les affaires militaires, très bien placé pour faire des recherches discrètes. Je compte l'apitoyer et lui rappeler tout ce que sa famille doit à la mienne pour obtenir des informations : Allan est associé à l'un de ses fils, et il l'a sauvé de la banqueroute il y a quelques années. Sans mon frère, Alain et les siens seraient à la rue, à présent. Je ne dois pas me laisser arrêter par de quelconques scrupules si je veux ramener Chris auprès de sa mère, avant qu'il soit trop tard !

Parce que la santé de Monique décline, mais la mienne également. Je prie pour que le Seigneur me donne la force de terminer ma quête ! Je suis très fatiguée, autant que lorsque nous avons dû, Patricia et moi, nous exiler chez Léopoldine… Tout le monde, autour de moi, me presse de prendre enfin du repos, de me ménager ; mais comment pourrais-je le faire tant que Chris n'est pas auprès des siens ?

Je compte sur tes prières, ma chère amie, car je sais que tu es de tout cœur avec moi ! Envoie mes amitiés à toute ta famille, et donne-moi vite de tes nouvelles…

Marguerite. »

22 – Le projet de Ryan

Dans le salon, trônant au milieu de la table, le magnifique bouquet de roses, d'un rouge ardent, déployait ses couleurs fastueuses et son parfum entêtant. Lorsqu'elle traversait la pièce – pour se rendre à la cuisine, ou encore sur la terrasse, ou dans les chambres… –, Martha ne pouvait s'empêcher de s'arrêter quelques secondes devant le vase, et se pencher un peu pour respirer l'arôme des fleurs… Rouge, la couleur de la passion… celui de l'amour fou, de l'offrande, de l'ardeur !

Certes, elle était âgée maintenant. Mais elle ne l'avait pas toujours été. Et ce cadeau, ce bouquet, était une réminiscence pleine de nostalgie de ses propres amours ! Sa fille chérie était, désormais, la dépositaire de ces sentiments enflammés, et sa maman savourait un peu par procuration ces moments exquis.

Si seulement Leïla répondait aux espoirs de Ryan !

Mais, au grand désappointement de Martha, ce n'était pas le cas. Et elle ne parvenait pas à comprendre le pourquoi de cette attitude, de cette distance prudente que la jeune femme instaurait entre son amoureux transi et elle-même…

En soupirant un peu, la vieille dame s'arracha à sa contemplation, et retourna dans la cuisine, où elle était en train de préparer un délicieux mafé de volaille pour le repas du midi. C'était une amie de Leïla, originaire du Sénégal, qui lui avait passé la recette. Elle avait eu beaucoup de succès auprès des enfants, qui la lui avaient réclamée gentiment pour le déjeuner. Martha aimait cuisiner, préparer de bons petits plats pour faire plaisir aux siens. C'étaient toujours de bons moments de partage, de détente… et de gourmandise, bien sûr !

Martha réduisit le feu sous la poêle, où rissolaient les cuisses de poulet dans l'huile d'arachide bien chaude. Elle sortit du placard un autre récipient, y mit un peu d'huile à chauffer, et s'attaqua aux oignons qui allaient y suer… Tandis que le couteau pelait, tranchait en fines lanières les gros oignons rouges, que leur odeur soufrée lui faisait venir les larmes aux yeux, Martha songeait à tous les efforts que déployait Ryan, depuis quelques semaines, pour conquérir le cœur de sa belle.

Il avait, résolument, « sorti le grand jeu », comme on disait ! Depuis plusieurs jours, ce n'était qu'un feu d'artifice de cadeaux en tous genres, de bouquets de fleurs plus superbes les uns que les autres, d'appels et de visites. Il se mettait en quatre pour faire plaisir à Leïla, et Martha désespérait de voir sa fille répondre enfin à ces avances…

D'autant plus que Ryan avait été très clair sur ses intentions. Il avait même pris la peine de venir la voir, elle, Martha, pour lui exposer ses projets et lui expliquer ce qu'il comptait mettre en place pour assurer le bonheur de sa fille !

Songeuse, la vieille dame fit glisser les oignons émincés dans la seconde poêle, et aussitôt, une délicieuse odeur envahit la cuisine, assortie du doux grésillement des bulbes en train de frire. Elle ouvrit la fenêtre pour aérer, et s'attaqua au piment oiseau, qu'elle avait acheté au marché le matin même. Surtout, avoir la main légère ! Ils étaient accoutumés aux épices, sur leur île, mais il ne fallait pas, non plus, « tuer » le goût général en le noyant sous trop de piment ! Martha le détailla en tout petits cubes, et le mélangea aux oignons. Elle vérifia où en était le poulet, baissa encore le feu et ajouta un couvercle pour achever la cuisson à l'étouffée. Puis, elle s'empara des tomates fraîches, bien rouges et joufflues, qu'elle commença à détailler.

Cinq jours plus tôt, Ryan était assis ici, dans cette même pièce, tandis que Martha préparait un thé pour son hôte surprise. Le jeune homme avait profité de l'absence de Leïla pour venir voir sa maman, et lui demander son soutien dans sa quête.

— Je suis amoureux de votre fille, Martha, lui avait-il avoué en toute honnêteté.

Il lui avait expliqué la fin chaotique et douloureuse de son mariage, le procès, les avocats, les infidélités avouées de Marjorie… Ryan était un homme blessé, trahi, déçu. Et, en l'écoutant, Martha s'était demandé si Leïla n'avait pas un peu raison de se méfier, en fin de compte : Ryan était-il vraiment remis de son divorce, de cette trahison ?

Mais il avait su trouver les mots pour rassurer la maman de la femme qu'il aimait. Il avait besoin, aujourd'hui, de s'investir à fond dans une relation amoureuse, et il ne voulait qu'une chose : faire le bonheur de Leïla !

— Comprenez-moi bien, Martha, avait ajouté le garçon. Je ne me contente pas de lui faire la cour par plaisir ! Je veux l'épouser !

Ces mots avaient fait chavirer son cœur ! L'épouser ! Tout en versant le thé, maintenant correctement infusé, dans les tasses, elle avait observé Ryan avec des yeux neufs. Elle le connaissait depuis tellement d'années ! Il était si proche de sa fille qu'elle le considérait presque comme son fils… Mais elle devait l'envisager autrement, aujourd'hui : comme le prétendant officiel de Leïla, comme un homme qui souhaitait entrer, publiquement, dans la famille…

Il avait si peu changé, malgré tout ce temps passé ! Ryan était toujours aussi séduisant, toujours aussi élégant… Un peu arrogant, certes, très conscient de sa valeur personnelle, mais aussi tellement gentil et attentionné !

Martha savait à quel point sa famille avait compté pour lui ; s'il consacrait la même énergie, le même investissement émotionnel à faire le bonheur de Leïla, sa fille pourrait enfin trouver le bonheur !

Martha hacha de l'ail, le mélangea aux tomates concassées, et ajouta le tout aux oignons et au piment en train de rissoler. Elle baissa le feu, mit le poulet – cuit à point – de côté, pour éplucher et couper les pommes de terre et les patates douces, qu'elle plongea dans l'eau bouillante.

Elle sortit ensuite la pâte d'arachide du frigo.

— Mamie ! Ça sent super bon ! On mange bientôt ?

La frimousse gourmande de Dave venait d'apparaître dans l'entrebâillement de la porte. Martha sourit à son petit-fils :

— Tu es déjà affamé ? Il y en a pour presque une heure, encore, et ta maman n'est pas encore rentrée de son rendez-vous !

— Je peux goûter ?

Martha lui tendit un biscuit :

— Pas encore, mais prends ça et file, chenapan !

Dave s'empara du gâteau et obéit prestement. Sa grand-mère songea que, si la relation entre Ryan et Leïla se transformait comme ce dernier l'espérait, cela ferait en tout cas deux heureux – en plus d'elle-même, bien sûr : les enfants aimaient beaucoup le jeune homme, et se sentaient à l'aise avec lui. Ryan se comportait avec eux comme il le faisait avec ses propres enfants, attentionné, protecteur, complice… Oui, il ferait décidément un beau-papa parfait pour ses petits-enfants !

Martha, lors de cet entretien en tête à tête avec le soupirant déclaré de sa fille, n'avait pas eu de scrupules à lui demander plus de détails sur ce qu'il comptait faire pour décider Leïla. Ryan avait été tout à fait honnête :

— J'espère bien qu'à force de la couvrir d'attentions, elle se rendra compte que je suis un « bon parti » !

— Mais ça, personne n'en doute, mon garçon ! avait rétorqué Martha. Mais ce que je souhaite surtout savoir, c'est comment vous envisagez l'avenir, pour tous les deux ?

— Je compte lui faire une vraie proposition, Martha, n'en doutez pas !

Et il lui avait tout expliqué, en détail : Ryan comptait tout mettre en place pour que Leïla soit parfaitement heureuse, elle et ses enfants. Il avait tout prévu ! Non seulement il avait déjà fait les démarches pour acheter une maison où ils pourraient tous vivre ensemble, et y accueillir ses deux enfants de son premier mariage lorsqu'ils viendraient leur rendre visite, mais il avait aussi en vue l'acquisition d'une voiture pour Leïla afin que la cohabitation se passe au mieux !

— La maison est magnifique ! argumenta Ryan. Et elle est située près d'ici, donc vous pourrez venir voir votre fille et vos petits-enfants aussi souvent que vous le voudrez !

Martha avait été impressionnée, et touchée, par tant de prévenance et d'attentions… Ryan semblait vraiment prêt à tout faire pour convaincre sa belle !

Mais cette dernière ne semblait pourtant pas prête à accepter sa proposition…

— Je le considère comme un frère, lui avait-elle dit quelques jours auparavant. Pas comme un amoureux !

Était-ce un pas si difficile à faire, que d'aller de l'un à l'autre ?

Martha sortit les pommes de terre et les patates douces, cuites à point, et transféra le tout dans un grand plat. Elle y rajouta le poulet, les tomates avec le piment, les oignons et l'ail, puis y inséra la pâte d'arachide. Elle glissa le plat dans le four pour trente minutes de mijotage…

En enlevant son tablier, la vieille dame adressa une fervente prière au Seigneur pour que sa fille découvre en Ryan non plus le visage d'un ami, d'un frère, mais celui d'un amoureux…

23 – Un aveu

Sur la plage, une grande terrasse en bois, des tables basses autour desquelles de confortables fauteuils en osier attendaient les convives ; sur chaque table, des bougies aux lueurs tremblées sous la douce brise du soir. Les palmiers oscillaient doucement dans l'air marin, la mer était calme, presque létale, immense surface d'argent poli dans laquelle se reflétaient les premières étoiles…

Un serveur souriant s'empressa de leur désigner l'une des petites tables à l'écart, et Leïla prit place lorsque Ryan, très gentleman, lui avança galamment son siège.

Il s'installa face à elle, et ils commandèrent deux cocktails à la mangue. Leïla le regarda donner ses ordres au serveur, poli et ferme.

Ryan l'avait invitée au restaurant, et elle avait fini par se laisser convaincre. Elle ne le regrettait pas, d'ailleurs, tant la soirée avait été agréable ! Le jeune homme se mettait en quatre pour elle, et aucune femme ne peut être insensible à tant d'attentions ! Ils avaient devisé tranquillement en savourant le dîner, puis Ryan l'avait convaincue de venir boire un dernier verre dans ce bar en bord de mer qu'il appréciait beaucoup.

— Ils font de délicieux cocktails, tu verras !

Lorsque le serveur leur apporta leurs verres, Leïla admira la petite ombrelle qui les décorait, la couleur ambrée du liquide dans lequel se reflétaient les bougies.

La jeune femme porta la boisson à ses lèvres, goûta : c'était exquis.

— Alors ? l'interrogea Ryan, mutin. J'avais raison, n'est-ce pas ?

— Tu aimes tant avoir raison ! le taquina Leïla. Mais oui, je te le concède : c'est vraiment très bon ! Tu connais ce bar depuis longtemps ? C'est de l'autre côté des collines, je n'y avais jamais mis les pieds.

— Oui, c'est près de chez moi, répondit Ryan. D'ailleurs, si tu veux, je peux te faire visiter mon appartement, il est juste à côté et tu n'y es encore jamais allée !

Comme elle ne répondait pas tout de suite, il ajouta en levant son verre :

— En tout bien tout honneur, évidemment !

— Je préfère venir en plein jour, Ryan, là je n'y verrai pas grand-chose.

Elle reprit une gorgée, ne sachant pas trop quoi dire de plus.

En effet, elle n'avait pas encore visité l'appartement où vivait Ryan. Et, pour être honnête avec elle-même, elle n'en avait pas très envie : rentrer ainsi dans son intimité lui paraissait prématuré. C'était lui donner un signe d'encouragement, aussi, qu'elle n'était pas prête à faire...

Tout en sirotant son cocktail, tout en admirant la mer presque noire à présent, royale sous son mateau de nuit étoilée, Leïla se sentait, plus que jamais, prise entre deux feux : d'un côté, elle se sentait flattée par les attentions et l'admiration de Ryan – quelle femme ne l'aurait pas été ? D'un autre côté, son instinct lui disait de se méfier, lui chuchotait à l'oreille qu'elle devait se montrer prudente…

Il fallait qu'elle sache, enfin, si sa méfiance était fondée ou non. Car, même si son cœur ne chantait encore que pour Allan, elle ne devait pas, pour autant, dédaigner un amour potentiel aussi prometteur !

Aussi lui demanda-t-elle, le plus innocemment possible :

— Est-ce que tu es resté en bons termes avec Marjorie ?

Car quelque chose, dans cette histoire, la chiffonnait… Sans qu'elle parvienne à mettre le doigt dessus, à l'identifier ! Ryan leva la tête de son verre. Il était encore un peu contrarié par la fin de non-recevoir de Leïla, et surpris par sa question. Il lui répondit tout de même avec bonne volonté :

— Nous restons corrects l'un envers l'autre, avant tout pour les enfants. Je ne te cache pas que nos relations ne sont pas très chaleureuses, dorénavant… Savoir qu'elle m'a trompée ne me rend pas très enclin à lui être agréable, tu t'en doutes !

— Oui, je comprends… Comment l'as-tu appris ?

Ryan cilla, et Leïla se reprocha de se montrer aussi intrusive, indiscrète. Mais il fallait qu'elle sache ! Et puis, après tout, il souhaitait l'épouser, n'est-ce pas ?

Elle-même ne lui avait encore rien dit d'Allan, mais si jamais elle envisageait de se marier avec Ryan – ou, du moins, de se fiancer, pour commencer – elle ne manquerait pas de le faire. Une totale transparence, dans un couple, lui semblait indispensable pour que la relation soit saine et solide… Elle attendit donc qu'il lui réponde, ce qu'il finit par faire avec un air un peu contraint :

— C'est une longue histoire… Tu veux vraiment l'entendre ?

— Si tu me fais confiance, alors oui.

— D'accord…

Il soupira, et acheva son verre avant de poursuivre, soudain sombre – le sujet, apparemment, était encore sensible…

— Tout est parti d'un test ADN. Jean, mon cadet, était malade depuis plusieurs mois, et les médecins n'arrivaient pas à savoir de quelle affection il souffrait. Nous avons fini par effectuer des tests génétiques. Il y a eu une erreur lors de l'envoi des résultats : ils sont arrivés par courrier à la maison, au lieu d'être envoyés directement au docteur qui traitait Jean. J'ai ouvert l'enveloppe.

Comme il se taisait, le regard rivé au fond de son verre vide, Leïla relança :

— Et ?

— Et j'ai découvert que je n'étais pas le père de mon fils.

— Quoi ?

Sous le coup de la surprise, Leïla s'était exclamée assez fort pour faire tourner la tête d'un autre couple, assis à quelques tables de la leur. Elle s'excusa et baissa le ton pour demander :

— Comment est-ce possible ? Comment t'en es-tu rendu compte ?

— Pas besoin d'être un médecin ou un expert pour me rendre compte que mon rhésus sanguin n'était pas compatible avec celui de mon cadet ! J'étais sous le choc, tu t'en doutes… Mise au pied du mur, Marjorie m'a alors tout avoué : elle avait des amants depuis des années ! Elle m'a assuré que notre aîné était bien de moi, mais j'ai tout de même demandé un test. Je suis bien le géniteur de mon premier fils, mais pas du second. Cette découverte a tout changé, pour moi : comment pouvais-je encore faire confiance à Marjorie ? J'étais tellement déçu ! J'ai rapidement demandé le divorce. Elle a fini par admettre qu'elle ne m'avait jamais aimé réellement, qu'elle n'était intéressée que par ma position sociale, mon argent, le confort matériel que je pouvais lui apporter… J'étais assommé ! Quel naïf j'avais été ! Après tous les efforts que j'avais faits pour donner à ma famille tout le confort possible, être présent, participer à l'éducation des enfants… J'avais renoncé à mon amour pour toi afin de rester fidèle à mon épouse, pour respecter ma parole, et voilà comment elle me remerciait ? Tous ces sacrifices ? Pour une femme infidèle et vénale !

L'amertume de ces mots, de son ton, la fit frissonner. Oh, Leïla pouvait parfaitement comprendre la colère, la déception de son ami après cette découverte ! Elle-même, dans une situation similaire, aurait été emplie de colère… Mais n'était-ce pas, justement, ce qu'elle craignait ? Ryan était un homme blessé. Pouvait-elle croire, vraiment, qu'il était prêt à faire de nouveau confiance à une autre femme ?

— Tu ne dis rien…

Leïla sursauta. Ryan attendait sa réaction, il avait besoin de savoir qu'elle comprenait, qu'elle ne le jugeait pas.

— Je suis désolée d'apprendre ça, Ryan. Tu ne méritais certainement pas de vivre une telle situation, ça a dû être très difficile pour toi…

Dis-moi que tu es passé à autre chose… songea-t-elle en sentant sa main se crisper sur la tige de son verre à cocktail.

Dis-moi que ce que je craignais était infondé, que tu as digéré tout cela, qu'au fond de toi, tu n'espères pas te venger de cette humiliation…

Mais Ryan ne lui dit rien de tout cela. Il se contenta de héler le serveur, pour lui demander de leur apporter deux autres verres. Leïla ne prit pas la peine de lui faire remarquer qu'elle n'avait pas fini le sien.

24 – Une conspiration bienveillante

Lorsque Ryan l'invita, quelques jours plus tard, à venir visiter la maison qu'il envisageait d'acheter pour eux, Leïla trouva une excuse pour refuser : Annie devait passer son concours, elle avait besoin d'elle !

Puis, peu de temps après, le jeune homme réitéra son invitation, et elle lui annonça qu'elle avait un dossier urgent à rendre pour son entreprise personnelle. Un dossier administratif complexe et contraignant. De mauvaise grâce, son ami accepta son excuse…

Mais, ce matin, elle ne savait plus quoi trouver pour repousser encore la même proposition ! D'autant plus que Ryan était là, au téléphone, et qu'il lui fallait trouver quelque chose à dire immédiatement ! Prise de court, elle finit par lui dire :

— Je n'ai pas le temps, Ryan ; je suis désolée. Peut-être que, dans quelques semaines, ça sera plus calme ?

— Mais ton planning est encore plus chargé que celui d'un ministre ! s'écria-t-il à l'autre bout du fil.

Il essayait de plaisanter, mais Leïla sentait bien qu'il était contrarié… Elle le comprenait, d'ailleurs, car sa dernière justification n'était pas bien fameuse ! Mais que pouvait-elle lui dire ? *Oh, et puis tant pis, je me lance !*

— Écoute, Ryan, j'apprécie vraiment les efforts que tu fais, mais c'est beaucoup trop rapide pour moi. Tu ne te rends pas compte ? Acheter une maison, carrément, alors que nous ne sommes même pas engagés l'un vers l'autre ! Je te l'ai dit, je n'ai rien décidé encore. C'est prématuré ! Et puis, comprends-le : plus tu me presses, plus j'ai tendance à freiner… Je n'ai rien contre toi, je t'apprécie beaucoup, même. Mais j'ai besoin de temps, et tu mets la charrue avant les bœufs ! Ça ne fait que me stresser encore davantage.

Voilà, c'était dit.

Elle attendit que, à l'autre bout du téléphone, Ryan réponde, brise le silence qui s'éternisait. Elle sentait qu'elle l'avait blessé, et elle en était désolée. Mais enfin, il fallait bien qu'elle le lui dise, à un moment ou à un autre : elle ne voulait pas visiter la maison qu'il avait l'intention d'acheter pour qu'elle s'y installe avec lui ! Elle ne voulait pas imposer à ses enfants un nouveau déménagement, une telle transformation de leur vie, alors qu'elle-même était si peu sûre de la pérennité d'une telle relation ! Ils commençaient à peine à apprécier d'avoir leur maman auprès d'eux et, même s'ils appréciaient Ryan, ce n'était pas suffisant pour qu'elle se jette dans ses bras…

Il ne voulait pas écouter ses inquiétudes, son besoin de ralentir, de réfléchir… Ryan finit par répondre, sur un ton un peu contraint :

— Très bien, mais tu t'inquiètes pour rien, je t'assure ! Cette maison, j'ai l'intention de l'acheter, que ce soit avec toi ou sans toi. Bien sûr, je rêve de pouvoir vivre à tes côtés, je ne t'ai pas caché mes intentions et mes projets. Mais mon appartement est trop petit pour y accueillir mes enfants, et je veux qu'ils puissent venir me rendre visite quand ils le veulent. Est-ce que tu ne peux pas venir voir cette demeure en amie, tout simplement ? Me dire ce que tu en penses, si elle te paraît adaptée pour ce que je souhaite en faire ?

Leïla se sentit enfermée dans son propre piège : oui, ils étaient amis, elle n'avait aucune raison valable pour lui refuser son aide ! Un peu à contrecœur, elle accepta donc, et Ryan lui annonça qu'il passait la chercher dans moins d'une heure.

En raccrochant, la jeune femme soupira, puis alla se changer. Lorsqu'elle revint sur la terrasse, elle y trouva sa maman, qui lisait tranquillement un recueil de poésie dans son rocking-chair.

— Tu es très jolie, ma chérie, lui déclara-t-elle en levant les yeux de son livre pour l'admirer. Tu vas quelque part ?

— Ryan passe me chercher, répondit Leïla. Il veut que je lui donne mon avis sur la maison qu'il veut acquérir. Pour ses enfants.

Elle avait ajouté ces derniers mots pour que sa mère ne se fasse pas d'idées, mais c'était peine perdue ! Martha eut un sourire rayonnant en répondant :

— Quelle bonne idée ! Tu me diras si elle est aussi belle que Ryan l'affirme.

Leïla savait parfaitement que sa maman la voyait déjà à l'autel au bras de Ryan ! Et cela l'agaçait, même si elle avait conscience qu'elle n'avait que de bonnes intentions. Elle voulait voir sa fille « casée » et heureuse, et cette espèce de conspiration familiale pour la pousser dans les bras de l'ami de Leïla commençait à lui peser. Si elle finissait par refuser définitivement ses avances – et, pour le moment, elle en prenait bien le chemin ! –, elle allait les décevoir, tous : sa mère, sa tante, sa marraine… Peut-être même ses enfants ?

Mais c'est ma vie, c'est à moi de décider ce que je vais en faire !

Lorsque Ryan arriva, très élégant dans son pantalon en lin clair et sa chemise blanche bien repassée, il alla d'abord saluer Martha, et ne fut pas avare de compliments la concernant :

— Cette robe te va à ravir, Leïla !

Il était vrai que la jolie robe à fleurs, légère et colorée, la mettait en valeur, et elle le remercia avant de prendre place à ses côtés, dans la voiture.

Ryan avait dit vrai : la maison était vraiment très proche de celle de Martha ! Un peu plus haut dans la colline, elle dominait la crique et, de la grande terrasse qui en faisait le tour, on pouvait admirer un panorama magnifique : la mer, immense et changeante, encerclée par les falaises sauvages et, au loin, le village dont on distinguait le clocher. La végétation cachait toutes les maisons aux alentours ; on se serait presque crus seuls au monde…

— Alors ? Qu'en penses-tu ?

Ils étaient accoudés tous deux à la rambarde de la terrasse, après avoir lentement fait le tour des lieux : cinq chambres dont une belle suite parentale, de superbes briquettes au sol, des murs plâtrés de frais, deux salles de bains… La cuisine était très jolie et fonctionnelle, et le jardin ravissant. Même si elle ne l'aurait certainement pas admis, oui, Leïla se voyait parfaitement vivre dans cette maison !

— Elle est parfaite, répondit-elle. Grande, moderne et pleine de charme. Et tes enfants auront chacun leur chambre.

Tout comme les miens…

Mais cela, elle ne fit que le penser.

Ryan semblait ravi de son avis enthousiaste, et il commença à lui expliquer les travaux qu'il envisageait de faire.

Leïla l'écoutait d'une oreille distraite, acquiesçant de temps à autre... Oui, elle se voyait parfaitement vivre dans cette maison, mais ce n'était certainement pas une raison pour accepter de l'épouser ! Depuis que Ryan lui avait dévoilé les circonstances de son divorce, elle réfléchissait intensément.

Sa cousine avait assisté au mariage de Ryan et de Marjorie, et elle les connaissait bien – surtout lui, en fait, car elle n'avait jamais été très proche de son épouse. Mais, à l'époque, le couple venait souvent dîner chez sa cousine et elle, alors qu'elle-même était mariée. Elle les avait assez côtoyés, elle connaissait assez intimement Ryan pour savoir à quel point ce dernier était amoureux de sa femme. Elle voulait bien le croire lorsqu'il lui affirmait qu'il avait toujours voué une passion secrète à Leïla, mais elle était certaine qu'il avait aimé Marjorie. L'infidélité de son épouse, la découverte, aussi, qu'elle ne l'avait épousé que par intérêt, avait dû être un terrible coup de massue pour lui !

Elle le sentait plein d'amertume et de regret. De là jusqu'au désir de revanche, même inconscient, il n'y avait qu'un pas ! Le divorce était encore en cours, avait-il vraiment tourné la page ? Respectait-il encore les femmes ? Ou bien, inconsciemment, les considérait-il toutes comme des traîtresses ? Pouvait-il vraiment faire confiance à nouveau, s'investir véritablement dans une relation amoureuse, au risque d'être blessé à nouveau ?

Leïla se posait beaucoup de questions ; d'autant plus qu'elle ne pouvait guère les lui poser directement à lui...

Elle craignait que Ryan soit encore loin d'être guéri ! Et elle ne voulait pas servir de transition, de compensation… Elle avait elle-même, de son côté, suffisamment souffert pour refuser l'idée de se lier à nouveau à un homme qui se révélerait incapable de répondre à ses attentes ! Non, elle ne le voulait pas ; et elle prendrait tout le temps qui lui serait nécessaire pour prendre sa décision. Peu importait si on la pressait de toutes parts !

— Ce garage, alors ? Ça te paraît une bonne idée ?

Ryan ne s'était pas rendu compte qu'elle n'avait rien écouté de ses explications, et Leïla s'en sortit avec un assentiment enthousiaste – sans trop savoir de quoi il s'agissait !

Il lui proposa de l'emmener dîner, mais, cette fois, elle se montra ferme dans son refus : ses enfants et sa mère l'attendaient.

Comment sa famille voulait-elle que Leïla prenne sa décision si elle ne lui laissait jamais le temps de la réflexion ?

25 – L'invitation

« M aman ?

— Oui, mon chéri ?

— Il vient bientôt, Ryan ? »

Leïla sourit : pour Dave, comme pour sa sœur, « Monsieur Ryan » était vite devenu « Ryan » tout court… Ce dernier n'avait pas son pareil pour mettre les enfants de son côté ! Il le faisait, d'ailleurs, tout naturellement, sans aucun calcul, elle le savait bien !

Cette affection que ses enfants avaient développée si vite pour son ami comptait beaucoup pour Leïla : jamais elle n'aurait pu, seulement, envisager de fréquenter un homme que ses enfants n'aimaient pas ! Annie et Dave seraient, toujours, ses priorités… Et, pour le moment, l'une de ses priorités trépignait d'impatience ! Elle répondit à son fils :

— Dans une heure environ, Dave.

— Ah, super !

Satisfait, son garçon repartit dans le jardin, où il était très occupé à construire une cabane dans un vieux frangipanier avec un copain, venu passer la journée avec lui. Le vénérable arbre en avait vu d'autres et, deux jours plus tôt, quand elle était venue voir où en étaient les travaux de construction, Leïla n'avait pu s'empêcher de rire : la structure était tellement branlante que même un colibri n'aurait pu s'y poser sans risque de chuter ! Heureusement, Ryan était venu leur prodiguer ses conseils, et les avait aidés à ériger une cabane digne de ce nom… Les enfants avaient passé les deux derniers jours à fignoler les détails, et leur mentor, en se faisant inviter à déjeuner, allait vérifier si ses conseils avaient été bien suivis : les deux garçons avaient hâte de lui montrer leur merveille !

Sur la véranda, sa marraine et sa maman discutaient autour d'un pichet d'orangeade en attendant leur invité, tandis que Nick et sa tante achevaient, dans la cuisine, les préparatifs du repas qui serait servi sur la terrasse…

Leïla les rejoignit :

— Je peux vous aider ? Il reste quelque chose à faire ?

— Tout est prêt, répondit Joanna. Nous n'attendons plus que ton soupirant !

— Arrête de l'appeler comme ça…

— Pourquoi ? Ce n'est pas ce qu'il est ?

Nick était en train d'empiler les verres destinés à la table dressée sur la terrasse, et sa sœur les lui prit des mains.

— Je n'aime pas vraiment que vous le cataloguiez ainsi, c'est tout, finit-elle par répondre à sa tante.

— Mais enfin, Leïla, il veut t'épouser ! Quel autre rôle a-t-il, sinon celui de ton prétendant ?

— Je crois que ma sœur ne souhaite pas que nous lui mettions la pression… intervint Nick, toujours aussi intuitive. Laissons-la respirer un peu, tu veux bien ? Elle prendra la décision qu'elle voudra, lorsqu'elle sera prête.

— Tu ne veux pas en discuter ? demanda Joanna, surprise, à la cadette de ses nièces.

Leïla posa les verres sur un plateau, sur lequel Nick avait également remisé les serviettes de table et les couverts. Dans la grande cocotte posée sur le feu, mijotait un ragoût dont l'odeur épicée venait agréablement chatouiller les narines. La jeune femme sourit à sa tante, et expliqua patiemment :

— Tout le monde me pousse dans les bras de Ryan, et je souhaite simplement, comme le dit très bien ma sœur, ne plus avoir de pression pour décider tranquillement ce que je souhaite faire.

— Mais je ne comprends pas, qu'est-ce que tu reproches à ce garçon ? insista Joanna. Il est si gentil ! Prévenant, avec une bonne situation… Très séduisant… Vous vous connaissez depuis des années, vous êtes amis… Et il est libre ! Martha m'a expliqué qu'il avait tout prévu pour que tu sois heureuse… Il y a quelque chose que j'ignore ?

— Le divorce de Ryan n'est pas encore acté, et ça ne s'est pas très bien passé, répondit Leïla. Je veux être sûre qu'il est bien prêt à refaire sa vie. Et puis, tu sais, je n'ai jamais vu en lui qu'un ami, je n'ai jamais éprouvé pour lui autre chose que des sentiments fraternels ! C'est difficile de l'envisager comme un amoureux.

Taquine, Joanna répliqua gaiement :

— Si j'avais ton âge, ma chérie, je n'aurais aucun mal à l'envisager comme un amoureux !

Leïla ne put s'empêcher de rire, tandis que Nick, toujours réaliste, enchaînait :

— Tu sais, c'est beaucoup plus facile d'être celle qui est aimée, que d'aimer quelqu'un sans retour… Si je devais te donner un seul conseil, c'est celui-ci : prends le temps de considérer la question sérieusement ! Ryan a tous les atouts pour te rendre heureuse. Tu devrais y réfléchir, et ne pas l'écarter définitivement… Pas pour une chimère, en tout cas.

Leïla ne répondit pas, et ne demanda pas à sa sœur ce qu'elle entendait par « chimère » : toutes les deux le savaient très bien ! Nick, bien sûr, évoquait Allan sans le nommer… À mots couverts, elle lui faisait comprendre que rejeter les avances de Ryan, parce qu'elle aimait encore un homme qui ne manifestait aucun sentiment réel, et ne serait jamais disponible pour elle, était une erreur…

Peut-être avait-elle raison. Peut-être Leïla devait-elle envisager, sérieusement, de répondre aux attentes de Ryan ? Ou, du moins, le fréquenter autrement qu'en ami ?

Comme le cœur est complexe, déraisonnable ! songeait-elle en apportant le plateau chargé des verres, des couverts et des serviettes sur la terrasse. Sa sœur parlait le langage de la raison, de la logique. Oui, c'était vrai, elle ne pouvait raisonnablement rien attendre d'Allan ; en tout cas, rien qui corresponde à ses désirs et à ses espoirs. Il lui avait assez prouvé qu'il ne tenait pas assez à elle pour la retenir auprès de lui, sans même parler d'un quelconque engagement de sa part !

Mais renoncer définitivement à lui était tellement difficile… Perdue dans ses pensées, la jeune femme mettait en place la table pour que tout soit prêt lorsque Ryan se joindrait à eux. Elle n'entendait pas les rires des enfants, au fond au jardin, ni les échos de la musique qu'écoutait Annie dans sa chambre… Pas davantage que les murmures des conversations des adultes. Elle ne voyait pas la nature luxuriante tout autour d'elle, ne percevait pas le parfum des fleurs, du ragoût en train de cuire, les effluves salés et iodés de la mer… Non, elle n'était plus là. Durant de longues minutes, elle était, à nouveau, dans les bras d'Allan. Elle avait posé sa joue contre son torse et écoutait battre le cœur de l'homme de sa vie.

Ce souvenir, pas si ancien que cela, lui serra la gorge et lui amena les larmes aux yeux. Leïla respira à fond, se reprit. *Non, non, ne pas penser à ça, surtout pas maintenant !* Ses larmes étaient réservées aux heures de solitude, à la nuit tombée…

Pourquoi l'amour peut-il nous donner autant de force et, parfois, nous rendre aussi vulnérables ? Ce sentiment si puissant, le plus puissant, surtout, que puisse éprouver chaque être vivant, pouvait être bénédiction et fardeau, joie éclatante et désespoir, force et faiblesse… Une seule source, celle de l'amour, pour une telle palette d'émotions !

Le bruit d'un moteur de voiture, au loin, l'aida à reprendre son emprise sur elle-même. Elle se redressa, vérifia l'agencement des couverts.

— Ah ! Ça doit être Ryan ! s'écria gaiement Joanna, qui sortait de la cuisine. Pile à l'heure, c'est parfait !

Du fond du jardin, Dave et son copain accoururent, dans leur hâte de montrer leur cabane et le résultat de leurs efforts à leur nouvel ami. Leïla vit la superbe voiture de Ryan longer lentement l'allée vers la maison, et il se gara sous un arbre. Sa silhouette mince et élégante émergea du véhicule, et la jeune femme s'aperçut que son ami tenait, dans ses bras, un énorme bouquet de fleurs, tellement imposant qu'il disparaissait derrière la composition florale ! Qu'est-ce que c'était, cette fois ? Ryan avait une prédilection pour les roses rouges, mais il lui semblait, de loin… Non, cette fois, les fleurs étaient d'une magnifique couleur violette : des lys.

La jeune femme inspira à fond à nouveau, pour chasser les dernières bribes de ses réminiscences, et elle afficha un beau sourire pour aller accueillir celui qui s'était donné pour mission de conquérir son cœur.

26 – Lui donner sa chance

La nuit était tombée et, avec elle, la maison de Leïla était plongée dans la quiétude du premier sommeil de ses habitants. Tous – Martha, Annie et Dave – dormaient. Tous, excepté Leïla elle-même. Il était assez tard, presque 23 heures. Pourtant, elle travaillait encore.

Le petit bureau où elle s'affairait était plongé dans la semi-pénombre. Une unique lumière, pâle et un peu tremblante, éclairait l'ordinateur de Leïla, concentrée sur son écran. La fenêtre était ouverte sur la douceur nocturne, ponctuée des chants mélodieux des engoulevents.

Ses doigts volaient sur le clavier. Leïla était en train de rédiger une Newsletter à destination de ses premiers clients, ainsi que des prospects qui s'étaient inscrits sur son site afin de s'informer sur les activités qu'elle proposait. Elle n'était pas très familiarisée avec le marketing, et elle avait donc suivi plusieurs formations en ligne pour en acquérir les bases. Développer son réseau était une étape capitale, même si c'était également chronophage !

Son activité de free-lance avait démarré bien plus vite qu'elle ne l'avait espéré, et cela la remplissait de satisfaction. Ce n'était pas tant le fait de gagner de l'argent – quoique, évidemment, elle n'allait pas s'en plaindre ! –, mais il s'agissait, surtout, du plaisir procuré par la réalisation personnelle : mener un projet en solo, de A jusqu'à Z, c'était si exaltant ! Elle y consacrait une bonne partie de son temps libre, et elle était heureuse de constater que ce n'était pas du temps perdu… Son travail portait ses fruits !

En parallèle, son employeur semblait très satisfait de la manière dont elle avait mené à bien les dernières missions qu'il lui avait confiées. On lui faisait confiance, on la complimentait… *Ma vie professionnelle est bien plus fluide que ma vie amoureuse !* C'était au moins une chose dont elle pouvait être fière, d'autant plus qu'elle en était la seule architecte.

Leïla mit le point final à sa lettre, et se relut soigneusement. Peu satisfaite de sa production, la jeune femme s'interrompit, et alla sur le Net voir ce que ses concurrents proposaient afin de trouver des idées… Non pas pour les copier, mais pour se différencier !

Elle était en train de noter de nouvelles idées, bien plus porteuses que celles qu'elle avait précédemment utilisées, lorsque son portable, posé à côté de son clavier, se mit à vibrer. *À cette heure, ça ne peut être que lui…*

Lorsqu'elle tendit la main vers son téléphone, Leïla se rendit compte que, pour elle, au fond de son cœur, « lui » désignait toujours Allan… *Je ne laisse quasiment aucune place à Ryan…*

C'était bien « lui ». Allan lui expédiait souvent des messages très tard le soir, lorsqu'il avait fini sa journée de travail. Il lui racontait les dernières nouvelles, lui envoyait des photos, de petites vidéos, lui demandait comment elle allait…

Ce soir-là, rien n'avait changé : il lui racontait à quel point la réunion qu'il avait eue dans l'après-midi avait été pénible et tendue, et lui demandait si son site marchait comme elle l'espérait. « Je t'envoie une photo de mes garçons, tu as vu ? Ils sont devenus très bons au foot ! »

Leïla regarda le cliché, qui montrait en effet les deux enfants en train de jouer au football, tous les deux dans la même équipe, et la joie sur leur visage faisait plaisir à voir !

Presque machinalement, la jeune femme commença à répondre, ses doigts formant les mots sur le petit clavier. Puis, elle s'arrêta net.

Qu'est-ce que je fais ?

« Lui », cela désignait toujours Allan, parce qu'il occupait toujours toute la place dans son cœur ! N'était-ce pas aussi, un peu, de sa faute ? Certes, elle n'initiait jamais elle-même les échanges, mais cela ne changeait pas grand-chose, en fin de compte : en lui répondant à chaque fois, elle entretenait leur relation, même sans qu'il soit jamais question d'amour entre eux, même s'ils n'abordaient jamais les questions sérieuses !

Est-ce que cela ne revenait pas à être à sa disposition, d'une certaine manière ? C'était Allan qui avait décidé de quelle manière il voulait poursuivre leurs échanges. C'était lui qui avait posé les règles du jeu… Et Leïla avait suivi, à contrecœur puisqu'elle attendait bien plus de lui. Mais obtenir un tout petit peu de lui, c'est toujours mieux que rien du tout…

L'amour est exempt d'ego. Quand on aime vraiment quelqu'un, on ne se soucie pas de savoir qui mène la danse, on entre dans cette danse, et c'est tout ! C'est même à cela que l'on peut reconnaître les vrais sentiments. Car, dès que l'on commence à réfléchir en concepts d'influence, de pouvoir, de maîtrise… Ce n'est déjà plus vraiment de l'amour. C'est du calcul.

Mais tout ce que lui donnait Allan, ça n'en était pas, justement, de l'amour ! Pourquoi se contenter de ces messages, pourquoi y répondre immédiatement, ou presque ? Leïla avait conscience d'alimenter sa dépendance à Allan : elle ne pouvait pas se détacher de lui de cette manière !

Les yeux rivés sur son téléphone, où s'affichait son message de réponse qu'elle n'avait toujours pas envoyé, la jeune femme songeait aux mots qu'avait prononcés Nick ce jour même, juste avant que Ryan vienne déjeuner à la maison : « Tu sais, c'est beaucoup plus facile d'être celle qui est aimée, que d'aimer quelqu'un sans retour… »

Elle avait beau avoir le cœur serré rien qu'à cette pensée, c'était un fait : elle aimait Allan sans retour. Sans aucun doute, ce dernier éprouvait des sentiments pour elle – et quels sentiments ? Mais, quels qu'ils soient, ces derniers n'étaient pas assez forts pour qu'ils prennent le dessus et le poussent à s'engager avec elle.

Or, ça ne lui suffisait définitivement pas. Sa sœur lui avait conseillé d'envisager sérieusement Ryan comme un amoureux potentiel…

En gros, de lui laisser une chance !

Et, pour lui laisser une chance, Leïla devait lui accorder davantage de place dans sa vie, dans son cœur. Elle devait mettre Allan en suspens si elle voulait vraiment vérifier si Ryan était fait pour elle !

Et puis, avec Ryan, j'ai enfin l'espoir de vivre avec quelqu'un qui me respecte, et qui partage mes valeurs personnelles… Il a la foi, il est honnête et intègre, il ne me manipulerait pas…

Car Allan, d'une certaine manière – peut-être inconsciemment, qui sait ? – la manipulait. En lui envoyant ces messages anodins, en refusant de rompre leur relation tout en restant sur le terrain amical ; alors même qu'il savait que Leïla attendait bien plus ! Donner de l'amitié à quelqu'un qui attend de l'amour, c'était un peu comme donner du pain à un homme assoiffé ! Et c'était, quoi qu'elle en pense, une forme de manipulation…

En cela, Allan n'agissait pas « correctement ». Même si son cœur et son corps n'attendaient que lui, même si elle ne rêvait que de vivre le reste de son existence à ses côtés… Il fallait bien qu'elle se résigne, à la fin ! Il ne répondrait pas à ses attentes. Manque de profondeur dans ses sentiments ? Manque de courage, de force de conviction ? Elle ne le savait pas, mais le résultat était là : il ne s'engagerait pas auprès d'elle…

Pour autant, Ryan ne pouvait pas être un pis-aller, une solution de rechange. Beaucoup de femmes fonctionnaient ainsi : elles étaient tout à fait capables de se mettre en couple avec un homme par raison, même si elles ne l'aimaient pas réellement. Elles faisaient un choix conscient, calculé, pour se préparer un avenir confortable. Leïla pouvait tout à fait comprendre, rationnellement, ce genre de décision ; mais elle, elle ne pouvait pas agir ainsi. Elle en était, tout bonnement, incapable. Ça aurait pourtant été tellement plus simple !

Mais elle était une femme de cœur. Par le cœur, elle vivait. Par le cœur, elle avançait. C'était son chemin, et elle ne pouvait pas aller contre sa nature.

Il lui fallait donc découvrir, en fait, si elle pouvait aimer Ryan.

Pas l'aimer comme un ami ou un frère, mais comme un alter ego, un compagnon de vie ! Et, pour cela, elle devait absolument se détacher d'Allan. Pour commencer, ne plus répondre à ses messages. À la distance physique, ajouter celle de l'absence de mots, d'échanges. Si elle voulait donner sa chance à Ryan, elle n'avait pas d'autre option.

Avec des doigts un peu tremblants, Leïla se mit à effacer les mots qu'elle avait commencé à écrire. Et elle éteignit son portable.

Au loin, un engoulevent lança son chant nocturne, comme pour l'encourager.

27 – La confrontation

La sonnerie du téléphone résonnait dans le vide et Leïla, l'oreille collée au récepteur, attendait patiemment que son correspondant décrochât enfin… Ryan lui avait proposé, la veille, de l'emmener dîner sur le port. Comme la jeune femme ne savait pas encore quels étaient les projets de sa famille pour la soirée, elle avait un peu différé sa réponse : ils avaient donc convenu qu'elle l'appellerait ce matin pour lui confirmer – ou lui infirmer – qu'elle était libre.

Sa marraine ayant annoncé à Leïla qu'elle venait tenir compagnie à Martha et aux enfants toute l'après-midi et la soirée, l'invitation était donc acceptée ! Encore fallait-il qu'elle en informe le premier intéressé : Ryan, qui semblait absent.

Assise derrière son bureau, Leïla s'impatientait, son téléphone toujours à l'oreille. Pourquoi le répondeur ne se déclenchait-il pas, bon sang ? Elle avait beaucoup de travail ce matin, et son ordinateur, encore allumé, attendait qu'elle veuille bien se remettre à ses dossiers.

La maison était très calme pour le moment, sa maman ayant emmené Annie et Dave à la paroisse. Seuls les chants des oiseaux, dans le jardin, venaient troubler la quiétude matinale.

Le ciel était, une fois n'était pas coutume, chargé de lourds nuages gris qui allaient sans doute donner de la pluie dans la journée.

Leïla s'apprêtait à renoncer – et à raccrocher – quand elle entendit enfin une voix à l'autre bout de la ligne. Mais ce n'était pas celle de Ryan !

Une femme. Qui annonça le « allô ? » rituel d'un ton affirmé, presque agressif… *Est-ce que je me suis trompée de numéro ?* Sur le coup de la surprise, Leïla laissa passer de longues minutes d'un silence interloqué, pendant que sa mystérieuse interlocutrice répétait avec impatience :

— Allô ? Il y a quelqu'un en ligne ?

— Bonjour, finit par dire Leïla. Je souhaiterais parler à Ryan, je vous prie.

— Il s'est absenté un moment. Qui êtes-vous ?

Une question intrusive et peu polie… Après tout, cette femme, qui qu'elle soit, était chez Ryan ! De quel droit s'enquérait-elle de l'identité de ceux ou celles qui l'appelaient ? *À moins qu'elle ait tous les droits, justement…* Leïla sentit qu'il y avait là matière à réflexion… Il fallait qu'elle en sache davantage avant de laisser son esprit s'emballer !

Aussi répondit-elle par une autre question, légitime :

— Excusez-moi, mais je ne suis pas chez Ryan ? Je ne me suis pas trompée de numéro ?

— Vous êtes bien chez lui, oui, et je suis son épouse. Vous êtes ?

Voilà qui répond à ma question… C'était Marjorie ! Qui se présentait comme la femme de Ryan… Techniquement, elle en avait le droit, puisque le divorce n'avait pas encore été prononcé.

Mais, puisqu'ils étaient censés être séparés depuis des années et en instance de divorce, sa manière de se présenter pouvait porter à confusion !

De la confusion, c'était bien ce que Leïla ressentait à cet instant… Des dizaines et des dizaines d'interrogations se pressaient dans sa tête, en rang serré. Que devait-elle penser de cette situation ? Ryan lui avait-il menti ? Était-il revenu auprès de son épouse, en fin de compte ?

— C'est Leïla à l'appareil, déclara-t-elle finalement. Bonjour, Marjorie.

— Oh, Leïla ! s'écria son interlocutrice. Ça me fait plaisir de te parler, nous ne nous sommes pas vues depuis si longtemps… Comment vas-tu ?

Il y avait quelque chose d'un peu outré dans le ton de Marjorie, de factice. Toutes deux n'avaient jamais été proches, et encore moins amies… Aucune raison d'être si enthousiaste ! Que savait la femme – ou future ex-femme, si ce qu'on lui avait dit était vrai ! – de ses relations avec Ryan, de la cour enfiévrée que ce dernier lui faisait depuis plusieurs mois ?

— Je vais très bien, merci. Et toi-même ?

Autant jouer la carte de la pseudo-amitié, s'il fallait en passer par là pour éclaircir cette situation si étrange…

— Je vais bien également, merci ! Alors, comme ça, vous avez repris contact, Ryan et toi ?

Ainsi, c'était Marjorie qui allait « à la pêche » aux informations ! Un comble !

— Oui, répondit Leïla, avec le plus de neutralité possible. Nous nous sommes retrouvés par hasard, et j'en ai été ravie : nous sommes de si vieux amis !

— Bien sûr, bien sûr… Je me souviens qu'en effet, vous étiez très proches, tous les deux. Un peu comme frère et sœur, n'est-ce pas ?

Leïla sourit, amusée par cette situation rocambolesque : l'ex-femme – ou presque ex ! – essayait de lui tirer les vers du nez ! Mais est-ce que c'était si amusant, en fin de compte ? Marjorie essayait visiblement de savoir s'il se passait quelque chose entre son mari et sa « vieille amie ». Si elle la sondait – sans vraiment de subtilité, d'ailleurs ! –, c'était qu'elle avait toujours de l'intérêt pour Ryan. Et d'abord, qu'est-ce qu'elle pouvait bien faire chez lui, alors qu'il n'était même pas présent ?

Leïla décida de jouer franc jeu, fatiguée de tourner autour du pot :

— Oui, nous étions très proches, répondit-elle à la dernière question de Marjorie. Et nous le sommes toujours, en fait ! (*Une petite pique ne fait pas de mal, n'est-ce pas ?*) D'ailleurs, il m'a expliqué votre situation, aussi je m'étonne un peu de te trouver chez lui ?

Un long silence suivit son interrogation. Sans doute Marjorie n'avait-elle pas l'habitude de faire face à une femme aussi franche ! Les gens ont tendance à se retrouver entre individus de même nature : il existe autant de femmes que d'hommes retors, rusés, jouant sur plusieurs tableaux… L'ex de Ryan faisait partie de cette catégorie de personnes, mais pas Leïla !

Cette dernière patienta, le téléphone toujours collé contre son oreille ; elle était curieuse de savoir comment Marjorie allait se sortir de la situation. *Et je veux vraiment connaître la réponse, en plus !*

— Mais… nous ne sommes pas encore divorcés, Ryan et moi, comme tu dois le savoir.

La voix de la femme était devenue froide. Elle ne jouait plus. Marjorie enchaîna :

— Je ne sais pas ce que mon mari t'a raconté, mais nous nous voyons encore souvent, tu sais ! Il y a les garçons, qui viennent souvent chez leur père ; et j'ai les clefs de l'appartement… Je suis régulièrement ici, de toute façon. C'est plus proche de mon travail que la maison, alors c'est plus pratique.

Plus pratique… Ben voyons…

Partagée entre la colère et l'amusement, Leïla mit un terme à la conversation en restant tout à fait courtoise :

— Ah, je comprends ! Bon, est-ce que tu peux avoir la gentillesse de transmettre un message à Ryan, s'il te plaît ?

— Mais bien sûr !

Mielleuse, Marjorie semblait jubiler. Leïla poursuivit, sur le même ton :

— Merci à toi ! Dis-lui que j'accepte son invitation pour ce soir, je serais ravie de dîner en tête à tête avec lui. Passe une excellente journée, Marjorie, j'espère te voir bientôt !

Et elle raccrocha dans la foulée, satisfaite de lui avoir rendu la monnaie de sa pièce.

Pour autant, cette petite satisfaction d'amour-propre n'occultait pas le problème. *J'ai besoin de réfléchir…*

*
* *

— Je ne comprends pas.

L'air malheureux, Ryan la contemplait de l'autre bout de la table à laquelle ils étaient assis tous les deux, dans la moiteur d'une soirée chaude et orageuse. Autour du duo qu'ils formaient, les clients du restaurant étaient installés en groupes disparates : deux ou trois couples d'amoureux qui roucoulaient, yeux dans les yeux et sans prêter aucune attention à la nourriture qu'on leur servait ; deux personnes âgées célébrant un quelconque événement, mais n'ayant, a priori, plus grand-chose à se dire ; quatre copines réunies autour d'un gombo et de nombreux verres de punch, et qui rigolaient bruyamment...

Ils étaient tous sur la terrasse, en bord de mer, sur le port où de nombreux bateaux oscillaient doucement à leur amarre : les petites embarcations de pêche côtoyaient quelques voiliers rutilants, et même un yacht aux lignes hyper modernes et racées.

Les serveurs jetaient de fréquents regards, nerveux, au ciel obscurci de nuages au-dessus de leur tête : la pluie menaçait de tomber, et l'intérieur du restaurant n'était pas assez spacieux pour accueillir tout le monde ! Les clients, eux, semblaient ne pas s'en soucier, et Leïla se demanda si tous n'allaient pas devoir partir en courant sous des trombes d'eau...

Revenant à son compagnon, la jeune femme secoua la tête pour lui confirmer :

— Je suis désolée, Ryan, mais je ne peux pas répondre à tes attentes. Je préfère te le dire dès maintenant, tu sais que je ne suis pas du genre à te « mener en bateau », comme l'on dit !

— Mais pourquoi ?

Il avait l'air si désappointé ! Le beau Ryan, élégant et sûr de lui, habitué à ce que tous – et toutes – tombent sous son charme… Décidément, elle ne parvenait pas à le cerner. Elle le sentait, quelque chose n'allait pas, dans cette histoire. Elle décida d'être honnête :

— Je ne suis pas prête, tout simplement. Et je ne veux pas te faire patienter inutilement, car je ne pense pas que ce serait un service à te rendre. J'ai eu Marjorie au téléphone, ce matin.

— Oui, je sais, elle m'a transmis ton message. Mais c'est cela qui te dérange ? Que mon ex-femme ait été chez moi aujourd'hui ?

— Aujourd'hui, et aussi très souvent, à ce que j'ai compris ! Il est possible qu'elle ne t'ait jamais aimé, comme elle te l'a avoué, mais elle ne semble pas prête à te lâcher comme ça… Et toi, tu ne sembles pas prêt, non plus, à mettre de la distance entre vous !

Je ne serai pas la cinquième roue du carrosse !

Ça n'avait rien à voir, cette fois, avec Allan, avec ses espoirs quant à une relation avec lui – ou ses illusions. Ce qu'elle ressentait, c'était que Ryan n'avait pas fait le deuil de son mariage, que Marjorie était encore très présente dans sa vie, et que ce n'était pas ce qu'elle voulait pour commencer une liaison.

Je veux un homme qui soit entièrement disponible, ou pas du tout ! Était-ce si difficile à comprendre ? Elle n'était pas une femme à se contenter de pis-aller, de demi-mesures, de situations bancales et de séparations mal digérées…

En face d'elle, Ryan ouvrit la bouche pour protester, quand le ciel et les éléments évitèrent à Leïla une conversation inutile et stérile : d'un seul coup, comme si une main invisible avait ouvert les vannes, la pluie se mit à tomber !

Des cataractes d'eau froide se déversèrent soudain sur la tête des clients ahuris, noyant le vin dans les verres et les préparations culinaires dans les assiettes, aussitôt transformées en soupes…

Au milieu des cris et de l'affolement général, Leïla se leva comme les autres, et ils se mirent tous à courir vers les voitures, fuyant l'onde glacée.

28 – Les nouvelles (4)

Lettre de Marguerite à Leïla

« *M**a chère amie,
Comme j'ai été contente de recevoir de tes nouvelles !
Ta lettre, que Patricia et moi avons reçue en début de semaine, nous a
vraiment fait plaisir et soulagées : a priori, tout va pour le mieux de ton
côté, et tes affaires marchent à merveille !*

*Je sens, pourtant, comme une sorte de tristesse dans ton message,
même si tes mots sont tout à fait rassurants et positifs. Es-tu sûre que
tout va bien ? Si ce n'est ni ton travail ni tes enfants ou ta famille qui te
causent du souci, peut-être s'agit-il d'une peine de cœur ? Une jeune
femme séduisante comme toi doit avoir de nombreux prétendants… Je
me souviens de ce jeune homme, Luc, n'est-ce pas ? Qui te faisait la
cour, et dont tu ne me donnes plus de nouvelles… Est-ce lui, la cause de
ta tristesse ? Ou encore cet ami que tu as retrouvé, et que tu sembles
fréquenter régulièrement depuis quelque temps, Ryan ? Quoi qu'il en
soit, j'espère que tu trouveras rapidement le bonheur et la plénitude que
tu mérites — même si cela signifie que tu ne reviendras pas en mission au
Burundi, chose que nous continuons d'espérer, Patricia et moi !*

*Car, maintenant que tout est revenu à la normale dans le pays, plus
rien ne s'oppose aux retours des visiteurs et aux réouvertures des
ambassades et des missions. Un nouveau gouvernement a été élu*

démocratiquement, l'armée a enfin cédé – sans violences, cette fois ! – et les exilés sont revenus chez eux. Bien sûr, il y a encore beaucoup à faire avant de retrouver la "vie d'avant" : de nombreuses maisons ont été abîmées, vandalisées, l'économie est encore balbutiante, et la population pleure ses morts et ses disparus… Mais il y a une telle liesse dans le pays, malgré tout cela ! Nous pouvons à nouveau nous sentir en sécurité dans les rues, dans les quartiers, les magasins ont rouvert leurs portes, les marchés battent leur plein… L'optimisme est de nouveau de mise.

Ma tante est en pleine forme malgré son âge. Je lui envie son énergie, même si, de mon côté, je commence à me sentir beaucoup mieux. Le Ciel a écouté mes prières ! Je n'en doutais pas, évidemment, mais nous avons connu tant d'angoisses ces derniers temps, traversé tant d'épreuves, qu'il était facile de se laisser aller à l'accablement…

Mais tout cela est terminé, maintenant. Car le retour au calme du pays n'est pas la seule bonne nouvelle que j'ai à t'annoncer !

Comme je te l'avais dit dans ma dernière lettre, j'ai dû faire jouer mes relations pour avoir le droit d'accéder aux prisons militaires, dans lesquelles croupissaient de nombreux "insurgés". Tu te souviens peut-être de Théodore, ce jeune homme de l'Église du Bon Berger et qui m'a aidée pendant toute cette interminable quête ? Il a de nouveau fait preuve de sa compassion habituelle et m'a accompagnée, Grâces lui en soit rendues ! J'étais si fatiguée, je n'aurais jamais pu accomplir seule ce périple ! Mais l'état de Monique ne me permettait pas de prendre enfin du repos avant d'avoir retrouvé son fils… Elle allait de plus en plus mal, il fallait un dénouement rapide – et heureux ! – pour espérer sa guérison.

Je t'épargne les détails des spectacles navrants auxquels nous avons assisté, Théodore et moi, tandis que nous visitions ces fameuses prisons – des prisonniers amaigris et meurtris, entassés dans des cellules sordides, certains si jeunes qu'ils semblaient à peine majeurs ! Leur nombre était ahurissant, et nous avons découvert, Théodore et moi, que la majorité d'entre eux avaient été jetés en geôle sans même que l'on relève leur identité : comment retrouver un anonyme dans toute cette foule ?

Il nous a fallu de la chance, et aussi plusieurs semaines de recherches et de visites avant de tomber, enfin, sur celui que nous recherchions : Chris était bien vivant ! Maigre à faire peur, sale et hirsute, mais il a pleuré de joie en me voyant arriver au parloir… Surtout lorsqu'il a appris que sa mère et sa sœur, bien vivantes elles aussi, attendaient si fébrilement son retour !

J'ai dû me montrer très ferme pour refuser de quitter la prison sans lui. Il n'y avait plus aucune raison de le garder enfermé — les troubles avaient cessé, et aucun de ces prisonniers n'avait eu de procès ! D'ailleurs, dans les semaines qui ont suivi, tous ont été libérés. Mais, ce jour-là, c'est à son bras que je suis repartie, Théodore ayant fort à faire pour nous soutenir l'un et l'autre !

Comment te décrire la joie, le soulagement, le bonheur qui ont illuminé le visage de mon amie, lorsque son fils a passé le seuil de la chambre où elle était alitée ? C'était un moment merveilleux !

Monique est de nouveau sur pied, à présent. Bien sûr, il lui faudra de longues semaines avant de recouvrer pleinement la santé, mais elle n'est plus en danger, et la maison retentit de rires et de chants. Je n'ai jamais vu la petite Gemma aussi joyeuse, elle resplendit !

Ma mission de sauvetage est donc terminée, et j'en remercie chaque jour le Seigneur. Patricia m'a aussitôt convaincue de suivre une cure médicale pour me remettre en forme, et cela m'a fait beaucoup de bien. Il faut toujours que je fasse attention au quotidien, mais avec des règles assez strictes, selon les médecins, je devrais aller parfaitement mieux dans peu de temps. Il s'agit de consignes de bon sens, en fait : dormir suffisamment, marcher environ une heure par jour, avoir une alimentation équilibrée…

Je n'ai aucun mal à suivre ces recommandations, et j'en sens déjà les effets. Mais je sais, je suis sûre que c'est surtout le stress, l'angoisse qui avaient accéléré mes maux : je suis libérée de ce fardeau, et je revis !

Comme j'aimerais te revoir bientôt, ma chère amie ! Toute la famille me demande régulièrement de tes nouvelles, que je leur communique volontiers. Allan m'a raconté, il y a quelques jours, qu'il ne recevait plus de nouvelles de ta part. J'ai pu le rassurer en lui disant que nous avions reçu ta dernière lettre, et que tu allais bien. Il revient de Paris dans quelques jours, et nous organisons, Patricia et moi, une petite fête pour célébrer son retour...

Crois-tu qu'il existe une petite chance pour que ton employeur te repropose une nouvelle mission dans notre pays ? Je sais que tes enfants sont heureux d'avoir leur maman à leurs côtés, mais, d'après ce que tu me dis, ils sont tous les deux sur la bonne voie au niveau de leurs études ? Un peu égoïstement, je l'avoue, je caresse l'espoir que tu seras bientôt parmi nous à nouveau...

Dans cette espérance, je t'envoie mes plus chaleureuses salutations !
Ton amie affectionnée,
Marguerite. »

29 – Explications

Les enfants gloussaient de joie. Le petit animal leur échappait sans cesse, passant et repassant entre leurs jambes, leur glissant des mains, ne laissant dans son sillage qu'un éclair de fourrure blanche. Dave et Annie n'en finissaient pas de le poursuivre, le furet semblant trouver autant de plaisir qu'eux à ces feintes et ces fuites, suivies de courtes séances de câlins.

— On va l'appeler Max ! annonça fièrement Dave, qui avait réussi – quelques secondes – à prendre la bête dans ses bras.

— Mais non, nigaud ! se récria Annie. C'est une fille ! Son nom, c'est Sandra.

— C'est pas une fille, c'est un garçon !

— Non, c'est une fille ! Mamaaaaaan !

Leïla secoua la tête en riant : sa fille, presque adolescente, redevenait parfois une vraie gamine quand elle jouait avec son frère ! Ses deux enfants couraient vers elle pour qu'elle arbitre leur querelle. Max – ou Sandra – resta tout seul dans le jardin, surpris d'être abandonné par ses compagnons de jeu.

— Ne le laissez pas en liberté tout seul, les enfants, intervint leur grand-mère. Ce n'est pas un chien ou un chat, il pourrait s'échapper et ne pas retrouver le chemin de la maison.

Aussitôt, Dave et sa sœur se précipitèrent pour récupérer leur ami. Les jeux reprirent immédiatement, observés par les trois adultes depuis la terrasse : Leïla, Martha et Joanna étaient en train de boire du thé, accompagné de petits gâteaux apportés par cette dernière, et s'amusaient devant la joie des enfants qui venaient de recevoir ce cadeau si amusant. Joanna l'avait acheté auprès d'un ami, et avait d'abord demandé son accord à sa filleule avant de l'apporter à Annie et à Dave. « Les furets sont des animaux de compagnie parfaits », lui avait-elle assuré. « Et celui-ci a été bien dressé ; il est propre, ne mord pas, et il adore jouer ». Ça, pour aimer les jeux, ils en avaient la preuve vivante ! Le nouveau compagnon de ses enfants était une jolie bête à la fourrure presque blanche, aux petits yeux noirs et vifs, et Joanna lui avait acheté un collier bleu.

Leïla se pencha pour prendre un petit four, hésita quelques instants, la main encore tendue. Sa maman et sa marraine semblaient se liguer pour lui préparer de bons petits plats, tous plus appétissants les uns que les autres, et elle devait surveiller sa ligne !

— Il est tout petit, ma chérie, l'encouragea sa mère. Il ne te fera pas grand mal !

La jeune femme se laissa convaincre et, après avoir savouré le gâteau, elle se tourna vers sa marraine :

— Alors ? C'est une fille ou un garçon ?

— Aucune idée ! répondit Joanna. Nous n'avons qu'à lui trouver un nom qui convienne aux deux genres…

— Claude… Dominique…

— Frédérique… Modeste…

Les trois femmes se mirent à rire, tandis que, dans le jardin, les enfants emportaient leur nouvel ami dans la cabane, disparaissant à leur vue. Martha leur resservit du thé et prit un ton hésitant pour faire remarquer à sa fille, l'air de rien :

— Nous ne voyons plus Ryan, ces temps-ci…

Leïla soupira en portant la tasse à ses lèvres. Elle se doutait bien que le sujet reviendrait sur le tapis, qu'elle allait devoir expliquer à sa famille pourquoi elle avait décidé de ne pas donner suite à la proposition de Ryan… Elle appréhendait cette discussion inévitable, depuis ces derniers jours. Après leur dîner – écourté par la pluie – durant lequel la jeune femme avait signifié sa position à son prétendant, ils s'étaient revus une dernière fois, afin de clarifier les choses. Leïla avait pu donner à Ryan les raisons de son refus, et ce dernier n'avait pas très bien vécu cette fin de non-recevoir… Mais elle n'y pouvait pas grand-chose, car elle savait qu'elle ne reviendrait pas sur sa décision !

Ryan était déçu et vexé, sans doute blessé dans son amour-propre. Il était tellement sûr que ses projets se réaliseraient sans difficulté ! Il avait tout prévu, dans les moindres détails, en oubliant qu'avant tout, il se devait de s'assurer de l'accord de la principale intéressée : elle ! Leïla espérait qu'avec le temps, il accepterait sa position et reprendrait son rôle d'ami de la famille : même si elle ne voulait pas l'épouser, elle ne souhaitait pas, non plus, qu'il disparaisse à nouveau de son existence !

Prenant son courage à deux mains, elle répondit à sa maman, après avoir reposé sa tasse vide :

— En effet, Ryan ne reviendra pas de sitôt à la maison, du moins pendant quelques semaines… Le temps, pour lui, d'accepter ma décision. Après, nous pourrons redevenir ce que nous étions, et ce que nous n'avons jamais cessé d'être, à mes yeux du moins : de vieux amis…

— Alors, c'est vrai ? s'écria Joanna. Tu as refusé sa proposition de mariage ? Oh, je craignais tellement que tu ne lui accordes pas sa chance ! Mais pourquoi ?

Martha, assise à côté de sa sœur, ne disait rien. Mais sa déception était palpable, aussi vive que celle de Joanna. Leïla savait que toutes les deux ne réagissaient ainsi que par amour pour elle, qu'elles ne voulaient que son bien ! Comment leur expliquer sa position ? Leïla n'en avait même pas encore parlé aux enfants : eux aussi seraient déçus, car ils aimaient beaucoup Ryan, et l'envisageaient avec joie comme leur futur beau-père…

— Je sais, commença-t-elle gentiment, que vous espériez une autre issue. Mais il ne s'agit pas d'un caprice de ma part, croyez-moi ! J'ai longuement réfléchi et, si j'ai décidé d'éconduire Ryan, c'est parce que je savais qu'il ne sortirait rien de bon de cette relation.

— Mais il t'apportait tout sur un plateau d'argent ! protesta Joanna. Le mariage, la maison, la voiture… Un homme dévoué et honnête, sincèrement épris de toi… Et vous vous connaissez si bien ! Il ne te plaît pas ? C'est un si bel homme, pourtant !

Leïla se mit à rire.

Sa marraine était, au fond, tellement romantique ! Elle lisait – en secret, mais ce n'était vraiment un secret pour personne – des romans à l'eau de rose, adorait les séries télévisées mettant en scène des couples plongés dans les affres de la passion… Joanna avait une vision idéalisée des rapports amoureux, et elle rêvait ainsi par procuration, tout à fait innocemment.

— Le physique de Ryan n'a rien à voir dans ma décision, répliqua Leïla. Oui, c'est un homme très séduisant, et il a tout pour plaire. Mais je suis convaincue qu'il existe toujours un lien très fort entre Marjorie et lui. J'ai appris récemment que sa femme, car il n'est toujours pas divorcé officiellement, passe son temps chez lui, dans son appartement, qu'elle prend tous les prétextes pour s'immiscer dans son existence… Et Ryan ne fait rien pour couper ce lien. Je ne lui en veux pas, d'ailleurs, je le comprends ! La séparation a été douloureuse, elle est encore récente. On ne se remet pas d'un mariage raté comme on guérit d'un rhume !

— S'il s'engage auprès de toi, argumenta Martha, je suis sûre qu'il coupera ce lien.

— Oui, sans aucun doute ! renchérit Joanna.

— Et je serais alors le bon prétexte ! contra la jeune femme. Écoutez, vous pouvez me faire confiance à ce niveau : mon intuition est très forte à ce sujet. Ryan n'a, tout simplement, pas fait le deuil de son mariage, de l'infidélité de sa femme, de sa famille brisée… Je suis un prétexte, et c'est sans doute inconscient de sa part ! Un prétexte pour tourner la page et écarter Marjorie de sa vie. S'il veut m'épouser, c'est pour se prouver à lui-même qu'il est passé à autre chose.

Leïla se pencha pour s'emparer de la théière, et distribuer à toutes les trois ce qu'il restait de la boisson aromatique. Sa maman et sa tante ne disaient plus rien, apparemment partagées entre la déception et la compréhension.

La jeune femme acheva son propos :

— Je ne veux pas être un prétexte. Si je me remarie un jour, ce sera avec un homme qui est, dans les faits autant que dans son cœur, totalement disponible pour moi.

Les trois femmes se mirent à boire en silence le reste de leur thé ; qu'y avait-il à ajouter ? Leïla songea que le plus difficile serait d'expliquer à Annie et à Dave que leur ami Ryan ne viendrait plus pendant quelque temps... Elle ne pouvait pas, auprès d'eux, être aussi explicite quant à ses sentiments, bien sûr ! Ils étaient trop jeunes pour comprendre ces subtilités.

Ils s'en remettront vite... Ils ont leur maman, leur grand-mère, toute leur famille auprès d'eux et leurs copains...

Comme s'ils avaient entendu ses pensées et voulaient la conforter dans sa décision, ses enfants revinrent en courant vers la maison, Dave portant le furet blanc dans ses bras.

— Maman ! cria son fils. C'est un garçon, j'avais raison ! Il s'appelle Max !

Comment avaient-ils bien pu le découvrir, personne ne posa la question !

30 – La force du cœur

L'indépendance… C'était toujours son credo, et encore plus depuis ces dernières années !

Leïla avait toujours été d'une nature déterminée et résolue. Et on lui avait constamment appris, dans son enfance, la valeur de l'effort, de la persévérance. Mais aussi celle de la vie de couple, avec un schéma traditionnel : l'homme apportait la sécurité matérielle, la femme la sécurité du foyer. C'était croire, de cette manière, que les couples étaient éternels, que les personnes rencontrées au cours de sa vie seraient, toutes, des gens honnêtes et fiables, conformes à ses propres valeurs…

De ses désillusions, Leïla en avait tiré une leçon précieuse : elle était seule responsable de sa vie. Et, avant tout, elle se devait d'être autonome !

C'est pourquoi elle s'était tant investie dans son travail, et c'est pourquoi elle mettait tout son cœur, ses ressources intellectuelles, sa volonté à développer son business en parallèle. Ce n'était pas tant une question d'ambition – ce terme, à ses yeux, revêtait une sorte d'avidité, d'agressivité, qui étaient trop loin de son caractère.

Non, ce n'était pas la gloire ou la fortune qu'elle recherchait. Sa réputation professionnelle était importante à ses yeux, mais c'était surtout le signe de la reconnaissance de ses pairs et de sa hiérarchie. Elle mettait un point d'honneur à générer la confiance et le respect. Quant à l'argent, certes, elle ne le dédaignait pas ! D'ailleurs, elle aimait les bonnes et belles choses... Mais elle n'avait jamais, non plus, rêvé de châteaux en Espagne, d'une vie de luxe dispendieux, de dépenses effrénées... dans des conditions douteuses. Non, elle souhaitait seulement mettre ses enfants, sa famille et elle-même à l'abri du besoin, et assurer à tous un certain confort de vie. Le reste n'avait pas beaucoup d'importance.

Ni la gloire ni la fortune, donc, toutes choses tellement volatiles, périssables et que personne n'emportait dans la tombe !

Mais l'indépendance, oui. Être autonome, capable de répondre à ses propres besoins et à ceux de ses proches, et aussi la fierté d'avoir réussi. Ce n'était pas de l'orgueil mal placé que de vouloir accomplir un projet, et être satisfait du résultat ! Leïla ne voulait dépendre de personne – mari, amant, ami, parent... – pour tracer son chemin. Elle ne dédaignait pas la main tendue – elle offrait même la sienne à ceux qui en avaient besoin ! –, mais elle ne comptait que sur elle-même.

La leçon avait été douloureuse à apprendre, mais salutaire ; et elle l'avait fait grandir. Il lui avait fallu admettre, au fil des années, que les gens sont rarement aussi « droits dans leurs bottes », comme le dit l'expression, qu'ils veulent bien le faire croire ! Et sans, pour autant, tomber dans le cynisme et la méfiance instinctive... Car, toujours, existent des personnes de valeur, il faut seulement ne pas s'attendre à les rencontrer partout, tout le temps !

Forte de cette expérience – un apprentissage un peu amer, mais riche en enseignements –, la jeune femme avait peu à peu modifié sa vision de la vie et des autres. Elle en attendait bien moins de ces derniers, et bien plus de la première ! Parce qu'elle était responsable de son propre bonheur, Leïla ne le confiait plus aux mains des autres…

C'était l'une des raisons pour lesquelles elle avait refusé la proposition de Ryan. Et, également, ce pour quoi elle ne répondait toujours pas aux appels et aux messages d'Allan : elle refusait de reprendre contact avec lui, pour le moment du moins ! Aucun de ces deux hommes n'était totalement clair, leurs intentions à son égard étaient trop changeantes, floues, chacun dans un registre très différent !

Concernant Ryan, elle reconnaissait qu'il s'était montré aussi honnête que possible avec elle. Mais, justement, ses intentions étaient masquées par des regrets, des attentes que le jeune homme n'était sans doute même pas conscient de porter. Elle n'avait pas vraiment réussi à lui faire admettre les raisons de son refus ; il ne les comprenait pas. Mais elle ne pouvait pas lui offrir de psychanalyse, tout de même ! Lorsqu'il aurait fini de « bouder », peut-être se rendrait-il compte qu'elle avait raison… Ou pas. Ce n'était plus de sa responsabilité à elle.

Concernant Allan, les choses étaient un peu différentes. Pour commencer, Leïla l'aimait encore. Elle était assez honnête avec elle-même pour ne pas se mentir : ne pas répondre à ses sollicitations régulières était vraiment difficile… Elle devait toujours lutter contre elle-même pour ne pas appuyer sur la touche « répondre » ! Il était là, toujours, dans son cœur et dans son âme.

Mais pas dans ma vie…

Allan avait fait le choix du non-choix : il lui avait laissé les rênes, se déresponsabilisant aussi bien de la continuité de leurs relations que d'une rupture. Il refusait de s'engager à tous les niveaux, dans le « oui » comme dans le « non » ! Mais, en même temps, il ne voulait pas rompre le lien qui les unissait malgré tout, et il la relançait, l'air de rien…

C'était ce manque de courage qui lui faisait le plus de peine. Leïla aimait autrui de la même manière qu'elle s'aimait, sans concession et les yeux grands ouverts. Elle aurait accepté – même en versant des larmes amères – qu'Allan lui avoue ne pas l'aimer, considérer leur relation comme une liaison éphémère et sans grande importance : cela aurait été douloureux, certes, et même infiniment ! Mais, au moins, les choses auraient été claires et franches.

Ce que la jeune femme supportait le moins, c'était la lâcheté. Or, Allan, en jouant ce rôle fuyant et en refusant de prendre position, assumait le rôle du lâche ! Il était difficile de respecter un homme – ou une femme, d'ailleurs, cela revenait au même – se conduisant ainsi.

Certes, une personne « bien » peut mal se comporter, selon les circonstances ; nous ne sommes pas des âmes pures, mais nous nous débattons, tous autant que nous sommes, dans nos incohérences…

Toutefois, il y avait un fait sur lequel on ne pouvait pas revenir : seuls les actes comptent. C'est ce qui nous définit, bien plus que nos sentiments – changeants, parfois trompeurs – et nos intentions – même si elles sont bonnes, elles restent stériles si elles ne sont pas suivies des actions correspondantes !

À quoi cela lui servait-il de savoir qu'Allan avait des sentiments pour elle, s'il se conduisait avec un tel manque de fermeté ?

Ce constat la rendait malheureuse… Aussi, préférait-elle pour l'instant rester en retrait, ne plus donner signe de vie, et voir, attendre, réfléchir… Elle avait déjà traversé tant d'épreuves ! Elle pouvait bien se donner un peu de temps pour y voir plus clair.

En attendant, Leïla se plongeait dans son travail, dans son projet professionnel, avec toute l'énergie qu'elle ne pouvait pas dispenser par ailleurs. Passer des nuits entières le nez dans son ordinateur, à élaborer des modules de formation, établir des devis, répondre à ses clients, relancer ses prospects… Pendant ce temps, elle ne réfléchissait pas à sa vie sentimentale. Le temps qu'elle passait concentrée sur son travail lui faisait oublier, momentanément, ses sentiments pour Allan et ses espoirs.

Car, malgré toutes ses analyses, malgré tout son intellect, Leïla en avait encore. Elle avait beau s'en défendre, c'était ainsi… Elle était une femme avant toute chose : toujours, c'était le cœur qui parlait le plus fort.

31 – Retours de flammes

Le soleil tapait durement sur sa nuque tandis que Leïla, courbée sur les plates-bandes qui longeaient la façade de la maison familiale, binait la terre. Il était encore tôt, l'aube se levait à peine. Pourtant, il faisait déjà très chaud !

La jeune femme se redressa, légèrement essoufflée, et essuya la transpiration qui humidifiait son front. Le pépiement des oiseaux et le bruit, lointain et à peine perceptible, du ressac, formaient un chant sonore mélodieux et apaisant. Entre les cimes des arbres, on pouvait apercevoir l'océan, dont les eaux d'un bleu sombre miroitaient doucement au rythme des vagues.

Leïla contempla son œuvre avec satisfaction : de jolies azalées s'alignaient, en rangs serrés, et chatoyants, le long de la plate-bande dont elle avait aéré et enrichi la terre avant de planter les nouvelles fleurs.

Il fallait qu'elle profite de la relative fraîcheur du matin pour s'atteler à ce genre de tâches, car, dès 10 heures, cela devenait bien trop difficile !

Elle n'était pas une fanatique du jardinage, loin de là. Mais sa maman n'avait plus assez de forces pour s'en occuper elle-même, et elle adorait son jardin, ses fleurs, ses plantations…

Si Leïla ne le faisait pas, Martha enfreindrait les recommandations de son médecin et irait elle-même faire ses repiquages et ses semis !

Il ne restait plus à Leïla qu'à arroser et à mettre un peu de paille au pied des plantes pour leur éviter le dessèchement, et elle aurait terminé.

— Maman ! Ton téléphone sonne ! Et tu as oublié ton chapeau !

Annie, qui se levait aussi tôt qu'elle-même, courait vers sa mère. Sa fille tenait, dans une main, le chapeau de paille que Leïla portait pendant ses séances de jardinage – et qu'elle avait, en effet, complètement oublié – et, de l'autre, son portable. Annie lui tendit les deux objets, et sa mère la remercia d'un sourire.

La jeune femme posa aussitôt le chapeau sur sa tête, et consulta l'écran de son téléphone.

Elle lut plusieurs fois le message qui s'y affichait, avant de relever les yeux vers Annie qui l'observait, curieuse, mais n'osant rien demander.

— J'ai besoin d'un café, ma fille, soupira-t-elle.

*
* *

Le message qu'elle avait reçu la perturbait un peu. Dans la maison, tout le monde était levé et Annie et Dave finissaient leur petit-déjeuner en compagnie de leur grand-mère.

Tout en buvant son café en en écoutant, d'une oreille distraite, les enfants discuter avec sa maman, Leïla revoyait en pensée les mots qui s'étaient affichés sur son portable quelques instants plus tôt : « Est-ce que tu serais disponible ce soir ? J'aimerais t'inviter à dîner. Tu me manques. Ryan ».

Elle n'aurait pas cru que son orgueilleux soupirant, après avoir été éconduit, reviendrait à la charge… Que Ryan accepte de la revoir en tant qu'ami, oui ; elle l'espérait, même ! Elle avait, en effet, eu un peu peur que son presque frère ne veuille plus avoir de contacts avec elle, par désappointement… Cela la soulageait donc de recevoir de ses nouvelles. Mais son texto semblait indiquer qu'il espérait encore la faire changer d'avis et, ça, elle ne s'y attendait pas du tout !

Que devait-elle faire ? Accepter cette invitation, pour consolider des explications qui, a priori, avaient mal été comprises ? Ou encore, y aller, mais jouer à l'ingénue et se comporter comme une simple camarade ? Ou, enfin, refuser de le revoir tant qu'il serait dans cet état d'esprit ?

Leïla nageait en pleine confusion… D'autant plus que, la veille, elle avait reçu trois messages d'affilée d'Allan, qui n'acceptait pas son silence. De guerre lasse, et parce qu'il lui manquait terriblement, la jeune femme avait fini par céder et lui avait envoyé quelques mots… Une conversation qui s'était poursuivie jusque tard dans la nuit !

Elle s'en voulait de n'avoir pas tenu ses engagements. Mais, en même temps, elle éprouvait une joie profonde – comment peut-on résister à ses propres sentiments ? C'est impossible ! – à avoir pu renouer leur lien, qui s'était tellement distendu…

Du coup, l'invitation de Ryan venait ajouter à son trouble, et Leïla ne savait vraiment plus quoi faire !

Le poids d'une main sur son épaule la fit sursauter. Elle émergea de ses pensées, pour constater que sa maman essayait vainement d'attirer son attention.

— Ma chérie, tu as l'air complètement dans les nuages !
Ça fait plusieurs minutes que tes enfants t'appellent.

— Oh ? Désolée, je n'ai pas entendu.

Elle constata alors qu'elles étaient seules à table, et que sa
fille et son fils avaient, en effet, quitté la terrasse.

— Qu'est-ce qu'ils demandent ?

— Ils ont leur père au téléphone, et celui-ci voudrait te
parler.

Leïla haussa un sourcil, surprise : Thierry et elle, depuis
leur divorce, n'avaient plus guère de relations… Non pas
qu'ils soient devenus des ennemis ; plutôt, des étrangers…
Seuls les enfants pouvaient encore les pousser à
communiquer entre eux, pour des raisons pratiques, ou des
décisions à prendre. Peut-être voulait-il organiser avec elle la
prochaine visite de Dave auprès de lui ?

— Vraiment ? répondit-elle à sa mère. Très bien, j'arrive.

Alors qu'elle se levait et quittait la véranda pour entrer
dans le salon par la porte-fenêtre, Martha, dans son dos, cria
aux enfants :

— Elle vient tout de suite !

*
* *

Non, mais c'est une plaisanterie ? Leïla fulminait presque en
descendant de voiture, claquant avec une force inutile la
portière derrière elle.

La jeune femme était descendue en ville pour faire
quelques achats de base – du lait de coco, des fruits, de la
farine… – dont Martha avait besoin pour préparer le
déjeuner. Elle était pressée ; sa maman attendait les
ingrédients et elle ne devait pas traîner.

Elle se mit à marcher vers le petit supermarché où ils avaient leurs habitudes, sans prêter attention aux passants qui la saluaient ni à la chaleur qui rendait l'air presque irrespirable. Le soleil était ardent, inondant toute l'île de ses rayons brûlants. Et il n'était même pas encore midi ! Bientôt, tous les habitants se cloîtreraient derrière leurs volets clos, à l'abri des murs qui gardaient un peu de fraîcheur ; les touristes plongeraient dans les piscines des hôtels ou dans la mer… Ce serait l'heure de la sieste pour les autochtones. Mais, pour le moment, il y avait encore beaucoup de monde dans les petites rues pavées ; on faisait ses courses, on se pressait vers ses rendez-vous… Quelques personnes âgées avaient pris place sur les bancs, dans l'ombre bienfaisante des arbres touffus, pour regarder les passants et discuter entre eux… Des groupes d'enfants joyeux passaient en courant, se poursuivant dans de grands éclats de rire. Ils se disputaient le droit de jouer dans la fontaine, une place très prisée pour patauger dans l'eau fraîche !

Leïla ne voyait rien de tout cela. Elle ne se rendit même pas compte qu'une paroissienne, qu'elle connaissait pourtant depuis longtemps, la saluait en croisant sa route et, vexée, se retournait d'un air mécontent pour la voir disparaître au coin de la rue.

La jeune femme avançait machinalement, plongée dans ses pensées et dans ses réflexions. Elle ne comprenait plus ce qu'il se passait. Y avait-il un alignement exceptionnel de planètes dans son ciel astral ? Était-elle victime d'une mauvaise blague ?

Son ex-mari lui avait demandé, au téléphone, si elle pouvait envisager d'accompagner les enfants lorsque ces derniers viendraient le voir, pour l'été, à la fin du mois. Quand, étonnée et un peu sur ses gardes, elle lui avait demandé pourquoi il souhaitait sa présence, Thierry lui avait répondu :

— Je pensais que… peut-être, nous pourrions… Tout cela est derrière nous, maintenant…

Leïla avait eu beaucoup de mal à interpréter ses paroles, entre deux balbutiements, et à saisir ce qu'il souhaitait lui faire passer comme message.

— Je ne comprends pas, Thierry, que veux-tu me dire ? s'était-elle impatientée.

— Nous pourrions nous revoir, avait-il répondu.

Et il s'était tu, la laissant complètement abasourdie.

Thierry, son ex-mari, envisageait qu'ils renouent leurs relations ? Après tout ce temps, comme ça, sans crier gare ? Leïla avait été incapable de lui répondre quelque chose de cohérent, tant elle était sur le coup de la surprise. Elle avait juste réussi à lui indiquer qu'elle le rappellerait, et avait raccroché.

Je n'en reviens pas… Pour ce qu'elle en savait, son ex avait une nouvelle compagne – ou des ! – depuis déjà un bon moment ! Leur divorce, d'ailleurs, n'avait pas été de tout repos, et il semblait naturel qu'ils ne se contactent plus, et ce pendant deux années entières, même pas pour le strict minimum. À quoi rimait ce retour de flammes ?

Allan, Ryan, maintenant Thierry… Ça ressemblait à une conspiration ! Qu'Allan la recontacte, d'accord, elle admettait que cela soit logique, prévisible. Elle n'avait pas prévu de retomber « dans ses filets » aussi vite, mais soit !

Pour Ryan, c'était plus surprenant…

Quant à Thierry, c'était carrément incroyable !

Comme elle hâtait le pas en apercevant la devanture du magasin, son portable se mit à sonner dans son sac. Elle le prit d'un geste nerveux, en se demandant, avec humour, s'il s'agissait du facteur venu la demander officiellement en mariage ? Au point où elle en était…

Mais ce n'était pas le facteur. C'était un texto de Luc, son ancien prétendant, dont elle n'avait pas de nouvelles depuis des mois, et qui lui proposait… de la revoir !

Le magasinier ne comprit jamais pourquoi cette jeune femme, si posée et si polie d'habitude, se mettait à rire toute seule – un fou rire nerveux qui fit se retourner les passants !

32 – Un autre chemin

Elle n'avait jamais vu ces rivages. De cela, elle était sûre ! Leïla avait pourtant beaucoup voyagé ; et elle en avait admiré, des paysages incroyables ! Mais elle se serait souvenue de celui-là : la mer – ou l'océan ? – venait langoureusement mourir sur une étendue de sable d'une beauté étonnante : à perte de vue, comme si elle flottait dans le firmament, la plage semblait animée d'une vie propre. Et le sable était rouge. D'un rouge flamboyant, aveuglant… Elle marchait, ses pieds nus imprimant leurs marques éphémères à mesure que les vagues venaient les effacer derrière elle… Des vagues d'un vert intense…

Non, ce n'est pas possible ! Je rêve !

Rêver qu'elle rêvait la sortit brutalement du sommeil. Leïla se redressa dans son lit, étrangement angoissée. Le songe n'avait pourtant rien d'inquiétant, il était juste… bizarre. *Comme ma vie actuelle, en fait.* Peut-être n'avait-elle fait ce rêve que parce qu'elle était perturbée ; elle n'en voyait pas le sens.

Elle avait eu beaucoup de mal à s'endormir.

Ses pensées lui paraissaient flotter au-dessus de sa tête comme autant de points d'interrogation dans une bande dessinée. Elle s'était tournée et retournée entre ses draps, les rejetant parce qu'il faisait très chaud malgré la brise nocturne qui pénétrait dans la pièce par la porte-fenêtre entrebâillée ; puis les remettant sur elle, parce qu'elle frissonnait – sans savoir pourquoi…

Elle avait la sensation de tourner en rond, c'était infernal ! Le sommeil avait fini par l'emporter dans ce rêve étrange et mystérieux auquel elle ne comprenait rien.

Et maintenant ? Comment vais-je faire pour me rendormir ?

Cela lui paraissait une entreprise vouée à l'échec ! Pourtant, elle avait besoin de sommeil, elle était épuisée ; et elle avait, vraiment, beaucoup de travail… *Dors !* s'admonesta-t-elle. *Allez, ma fille, dors !*

Mais, bien sûr, cela ne l'aida en rien. Plus elle s'énervait, plus le sommeil la fuyait. Et elle sentait, là, au fond de son cœur, les larmes qui demandaient à sortir, la peine qui voulait s'écouler, comme le sable rouge de son rêve… Elle reconnaissait cette sensation, elle l'avait côtoyée souvent !

Leïla resta étendue dans son lit, de longues minutes, totalement immobile, les yeux fermés. Elle essayait de ne pas penser, de ne pas ressentir…

Dans le jardin, une chouette hulula. Elle devait être en chasse. Leïla se souvint d'un documentaire sur ces rapaces qu'elle avait vu récemment ; leur ouïe est dix fois supérieure à celle des humains, elle peut voler presque en aveugle, un peu comme les chauves-souris… Elle choisit son partenaire et ne le quitte plus jusqu'à la mort…

Malgré elle, les larmes se mirent à couler sur ses joues, sous ses paupières closes. À la vie, à la mort… Un compagnon d'existence stable et fidèle, amoureux, respectueux, attentif… Est-ce que cela existe, seulement ? Ailleurs que dans les contes de fées ?

Oui, certaines de ses amies avaient trouvé un tel compagnon. Ce n'étaient pas des chimères ! Pourquoi ne rencontrait-elle pas un tel homme ? Pourquoi Allan n'était-il pas comme cela ?

Les sanglots, qu'elle essayait d'étouffer pour ne pas réveiller ses enfants dans la pièce d'à côté, devenaient irrépressibles. *Il me manque tellement !*

Car c'était bien là le problème, n'est-ce pas ? Allan ne correspondait pas à ce qu'elle attendait d'un compagnon – le courage de l'engagement, par exemple –, mais elle n'aimait que lui, pour son plus grand malheur !

Renonçant à se rendormir, furieuse après elle-même, Leïla se redressa une seconde fois, et finit par se lever. À pas de loup, elle se dirigea vers la salle de bains pour se passer un peu d'eau sur le visage, sur les yeux. Elle attendit d'être sûre de s'être un peu calmée, apaisée, pour sortir en silence sur la terrasse. À défaut de sommeil, les étoiles lui tiendraient compagnie…

Leïla s'installa dans l'une des chaises longues, face au ciel immense au-dessus d'elle, dont les constellations formaient des chemins de lumière étincelants. Il lui semblait qu'elles lui indiquaient la voie à suivre… Mais vers où ? Vers qui ?

Cette journée l'avait plongée dans la confusion la plus totale : elle était à la fois heureuse et malheureuse d'avoir renoué le contact avec Allan ; elle était perturbée par l'insistance de Ryan ; très agacée par les attentes de Thierry ; et enfin, elle était très perplexe devant la réapparition de Luc, qui n'était plus qu'un ami à ses yeux depuis longtemps.

Elle avait tout de même répondu à ce dernier, pour comprendre le but de sa démarche.

Son ancien prétendant lui avait alors confié qu'il était malade, très malade, et qu'il espérait la revoir avant de quitter cette terre. Même si Leïla n'avait pas répondu aux attentes de Luc à l'époque où il lui faisait une cour empressée, elle le considérait tout de même comme un très bon ami, et cette nouvelle lui avait causé beaucoup de peine. C'était tellement triste, et elle ne s'y attendait pas du tout ! Elle avait fait de son mieux pour le réconforter…

Que ces quatre hommes la sollicitent, tous, le même jour, aurait pu être risible ! D'ailleurs, elle avait fini par en rire… Mais nerveusement, et pas longtemps. Car, au fond, cela la rendait seulement plus vulnérable. Elle ne savait plus où elle en était, tout simplement.

Mon Dieu, aidez-moi ! se mit-elle à prier intérieurement. *Je dois trouver une issue !* Elle avait la sensation de s'être emprisonnée elle-même. Elle avait la clef, mais ne parvenait pas à l'utiliser.

Ryan, ou même Luc auraient bien mieux convenu qu'Allan en tant que partenaires de vie. Tous les deux étaient, du moins, prêts à s'engager auprès d'elle – même si, pour le premier, ses intentions étaient un peu moins évidentes qu'il le paraissait. Mais, même avant d'avoir pris conscience que son ami n'avait pas encore fait le deuil de son mariage raté, Leïla ne l'avait-elle pas, déjà, écarté ?

Je ne peux pas tomber amoureuse d'un homme tant que j'en aime encore un autre. Ce constat la désespérait. Elle ne tenta plus de refréner ses larmes, cette fois : personne ne pouvait l'entendre, elle pouvait s'accorder le droit de s'en libérer.

Combien de nuits avait-elle passées ainsi, malheureuse comme les pierres, inconsolable ?

Méritait-elle une telle peine ? Était-elle la cause de sa propre souffrance ? Tant de questions, de doutes, de désarrois qui lui brisaient le cœur…

Mais elle ne pouvait pas continuer ainsi ; c'était sa seule certitude. D'une manière ou d'une autre, il lui fallait trouver un moyen de se détacher définitivement d'Allan : elle devait libérer son cœur, son âme, de son emprise, pour être capable d'envisager un autre chemin. Et cela, elle ne pouvait pas le faire tant qu'elle restait loin de lui, à l'autre bout du monde, attendant – craignant, et espérant ! – ses messages ! *Je dois me confronter à lui. Savoir si, oui ou non, il reste un espoir de concrétiser ce rêve, ou si ce n'est qu'une chimère ! Et, si cela en est une, je dois tourner la page.*

Elle n'avait pas fait tout ce chemin, traversé toutes ces épreuves pour rester ainsi, complètement bloquée, incapable d'avancer ! Leïla avait connu le désespoir, la dépression, elle avait lutté contre elle-même pendant des mois et des mois… Ce n'était pas pour accepter, aujourd'hui, de se retrouver dans une impasse !

Avait-elle perdu de vue ses rêves, ses aspirations ? Travailler sans relâche à construire son indépendance financière était important, et elle ne regrettait rien du temps, des efforts, de l'énergie qu'elle y avait consacrés. Mais est-ce que la réussite professionnelle était le plus important, à ses yeux ?

Bien sûr que non !

Le plus important, à part ses enfants et sa famille, était sa réalisation personnelle.

Or, si c'était ceci – et seulement ceci – qui pouvait la rendre heureuse, il était temps qu'elle y consacre, à son tour, son temps, ses efforts et son énergie ! Qu'elle se donne un objectif clair, et qu'elle s'y tienne : oui, elle devait se confronter à Allan. *Ensuite, ça passe ou ça casse…*

Elle devait se reprendre en main.

Essuyant ses dernières larmes, Leïla se releva, et rejoignit la terrasse pour rentrer dans la maison. Silencieusement, sans avoir besoin d'allumer une lampe tellement elle connaissait chaque coin, chaque recoin de la bâtisse, elle pénétra dans son bureau, et alluma son ordinateur. Puis, elle se connecta au réseau Internet, ouvrit sa boîte mail.

La jeune femme mit à peine quelques minutes à rédiger le mail qu'elle avait en tête. Elle n'hésita pas même une seule seconde avant de cliquer sur l'icône « envoyer ».

Satisfaite, elle se déconnecta, éteignit l'ordinateur, et revint dans sa chambre. Elle se sentait merveilleusement apaisée, sereine. Elle avait repris les rênes de son destin.

Avant de se glisser, à nouveau, entre ses draps – en étant certaine, cette fois, de trouver rapidement le sommeil ! – Leïla fit une halte devant la porte-fenêtre aux vitres entrebâillées. Elle jeta un dernier regard aux étoiles, tout là-haut, et leur adressa un remerciement sincère, plein de gratitude. Elles lui avaient montré le chemin.

Il lui sembla, un instant, que les astres lui souriaient en retour.

33 – Un retour inattendu (suite)

Printemps

« P eut-être souhaitez-vous que je vous cède le hublot, Mademoiselle ? »

Leïla se tourna vers son voisin, et répondit en souriant :

— Non, merci. Vous êtes gentil, mais je vois très bien le paysage de mon siège.

C'était faux ; elle n'apercevait qu'un peu de la couche nuageuse et, vaguement, la forme lointaine des terres ocre qu'ils survolaient. Mais elle avait échappé, grâce à son petit mensonge, à des heures de tentatives vaines de séduction de la part de celui qui s'était présenté comme Honoré Parfois… Ce n'était pas pour céder maintenant, alors qu'ils allaient bientôt atterrir ! La jeune femme voulait profiter en toute tranquillité de son retour au Burundi. Elle n'avait aucune, mais vraiment aucune envie de faire la conversation à un inconnu !

Monsieur Parfois, déçu par sa rebuffade, tenta une dernière approche. Il désigna le sac en papier – le fameux « sac à vomi » – qui était resté bien rangé, plié dans le filet permettant de glisser revues et autres objets peu volumineux devant soi, et il lança en matière de plaisanterie :

— Je vois que vous n'avez pas eu de difficultés pendant le vol !

— Non… Mais voyez, je commence à discuter, et, déjà, je me sens un peu nauséeuse…

Et elle ferma les yeux, coupant court à tout échange.

Le vol s'était bien passé, quelques turbulences mises à part. Les passagers avaient eu leur plateau-repas vers midi, et la plupart d'entre eux somnolaient à présent – certains lisaient un livre, d'autres regardaient un film sur le petit écran mis à la disposition des voyageurs sur les longs courriers. Leïla avait profité de ces heures de tranquillité pour travailler sur son ordinateur, mettant à profit cette immobilité forcée pour avancer sur ses dossiers. Elle venait d'éteindre son matériel et essayait de dormir un peu, mais le sommeil la fuyait…

*
* *

Elle ressentait un mélange d'excitation et de crainte, d'enthousiasme et d'incertitudes. Tout lui paraissait si évident, pourtant, quand elle avait pris sa décision ! Ce soir-là, alors qu'elle était si malheureuse en se rendant compte qu'elle ne parvenait pas à sortir du piège amoureux dans lequel elle s'était enfermée elle-même, la réponse lui était apparue dans les étoiles.

Elle devait revenir au Burundi, et revoir Allan. Décider, et cette fois de manière irrévocable, si elle devait faire une croix définitive sur son amour pour lui… ou s'il leur restait une chance de faire le chemin ensemble.

C'est pourquoi, cette nuit-là, Leïla avait-elle pris sa décision.

Depuis plusieurs semaines, son employeur attendait une réponse de sa part concernant une nouvelle proposition de mission, toujours au Burundi. Des mois avaient passé depuis qu'elle leur avait opposé un motif familial pour refuser la première, et ils souhaitaient savoir si sa situation personnelle avait évolué, si elle envisageait, cette fois, de repartir en mission là-bas. Leïla avait mis cette demande de côté et n'en avait parlé à personne. Elle voulait prendre le temps d'y penser, et apporter à son employeur une réponse mûrement réfléchie…

D'un côté, elle avait conscience que ses enfants seraient déçus de la voir repartir. Mais Leïla savait, pour en avoir discuté avec eux afin de « sonder le terrain », qu'ils accepteraient ce nouveau départ plus sereinement : ils avaient bénéficié de la présence de leur maman pendant plus d'une année, un record ! Elle avait pu les accompagner dans leurs études, dans leurs projets…

Annie et elle-même avaient renoué leur ancienne complicité ; quant à Dave, mère et fils étaient devenus bien plus proches l'un de l'autre qu'ils ne l'étaient à son départ deux ans plus tôt. La jeune femme, si elle envisageait de les quitter le cœur un peu lourd, était tout de même satisfaite des progrès accomplis tous les trois, et elle avait confiance en eux pour poursuivre les efforts qu'ils avaient commencés ensemble.

Son principal sujet de réflexion était le suivant : avait-elle intérêt à repartir au Burundi ? Leïla avait mis fin à sa mission dans l'urgence, à la suite des troubles qui avaient jeté le pays dans le chaos. Et elle avait refusé, une première fois, d'y revenir après l'apaisement de la situation politique, sur proposition de son employeur : elle ne voulait pas revoir Allan, pas si tôt ! Elle avait besoin de rester éloignée de lui, de se retrouver avec elle-même, ses enfants et sa famille… Leïla était, alors, dans une réelle détresse émotionnelle ! Il lui fallait du temps : pour faire le point, pour apaiser sa peine, et pour se reconstruire…

Elle l'avait pris, ce temps, et elle l'avait mis à profit. Elle avait renoué ses liens précieux avec ses deux enfants, assumé son rôle de mère avec bonheur… Et elle avait, également, mis toute son énergie à lancer et développer son activité professionnelle en free-lance. Ses affaires marchaient bien, désormais, elle avait réussi son pari !

Il ne lui restait plus « que » le problème de sa situation amoureuse à régler… Le retour de Ryan sur le devant de la scène avait changé la donne. Elle avait alors pris conscience qu'il ne suffisait pas de vouloir aimer quelqu'un pour faire naître un sentiment : il lui fallait d'abord tourner la page… Ryan n'était pas un prétendant fiable, car elle avait suivi son intuition et découvert qu'il n'avait pas encore accepté son divorce difficile, qu'il était encore bien trop dépendant de Marjorie, son ex-femme… Mais, Ryan ou un autre, le problème restait entier ! Leïla n'était, tout simplement, pas encore disponible, ni pour lui ni pour personne.

Et elle voulait que ça change. Elle voulait se donner les moyens d'accéder à ses rêves, de réaliser ce qui la rendrait, enfin, heureuse : trouver un compagnon de vie qui partage ses valeurs personnelles, et qui soit prêt à s'engager à ses côtés !

Pour cela, il lui fallait franchir une dernière étape : effectuer une dernière vérification quant aux sentiments d'Allan à son égard, à ses intentions, et tourner définitivement la page si cela s'avérait nécessaire…

Quel challenge !

Leïla, les yeux toujours fermés, repensa aux dernières heures qui avaient précédé son embarquement pour le Burundi. Elle avait annoncé qu'elle acceptait la nouvelle mission à ses enfants avant tout, et ils avaient réagi comme elle l'espérait : avec philosophie, heureux de l'avoir eue à leurs côtés durant tous ces mois. Sa maman, sa sœur, sa tante et marraine… Elles avaient été partagées entre la joie de la voir prendre une décision, et le regret de la voir partir. C'était avec beaucoup d'émotion qu'elles s'étaient dit au revoir, la veille du départ, lors d'un dîner familial durant lequel Joanna avait fait des miracles en cuisine !

Nick l'avait conduite à l'aéroport, sans lui poser de questions intrusives, se contentant de lui rappeler que, qu'elle soit à quelques mètres de sa sœur ou à l'autre bout du monde, elle serait toujours là pour elle… Et Leïla était montée dans l'avion, le cœur un peu lourd de les quitter, mais résolue et pleine d'enthousiasme ! Dans quelques heures, elle poserait le pied sur la terre de ce pays qu'elle considérait, étrangement, comme sien, où elle se sentait si bien. Et où l'attendaient, elle le savait, de nombreux amis.

*
* *

L'annonce rituelle du commandant de bord résonna dans la carlingue, quelques minutes avant que l'appareil ne commence sa descente progressive en vue de l'atterrissage. Leïla aurait bien aimé que le sieur Parfois soit devenu transparent !

Elle se tordait le cou pour apercevoir, malgré la silhouette massive qui lui obstruait la vue, un peu de ce pays dont elle allait bientôt fouler de nouveau le sol…

— Je vous en prie, prenez ma place.

Sans attendre ses protestations, Monsieur Honoré s'était levé, juste avant que les hôtesses ne viennent vérifier si leurs passagers avaient bien bouclé leur ceinture. Leïla soupira, mais accepta le changement de place – une manœuvre assez compliquée, vu l'ampleur du popotin de son admirateur ! Ils se réinstallèrent, bouclèrent leur ceinture, et la jeune femme le remercia : de fait, elle était ravie d'avoir un accès direct au hublot ! les paysages maintenant familiers se précisaient à mesure que l'avion descendait, et elle put même apercevoir un troupeau de vaches menées sur les chemins poudreux par un gamin qui sautillait, ses pieds nus soulevant de petites volutes de poussière rouge. Des bosquets d'acacias, des villages blottis à l'ombre des frangipaniers et, au loin, se rapprochant à vue d'œil, le lac Tanganyika. Le plus long fleuve d'eau douce au monde, dont les eaux poissonneuses alimentaient le Congo, la Tanzanie, la Zambie… et, bien sûr, le Burundi, dont les rives jouxtaient l'ancienne capitale, Bujumbura – la ville la plus peuplée du pays.

Elle rentrait au pays… Cette pensée la fit sourire, car oui, le Burundi était un peu son pays d'adoption, celui qu'elle avait choisi, et qui l'avait choisie, elle. Leïla allait y passer de longs mois, à la fois pour accomplir sa mission professionnelle, et pour se confronter à ses rêves.

Lorsque les passagers descendirent enfin, en file indienne, de l'appareil, la jeune femme alla récupérer ses valises, qu'elle déposa dans l'un des chariots mis à la disposition des passagers. D'un pas ferme, elle se rendit au terminal des arrivées, scrutant les personnes venues accueillir leurs proches. Il y avait beaucoup de monde, mais elle n'eut aucun mal à reconnaître la haute silhouette imposante de son amie, Marguerite, en compagnie de leur fidèle chauffeur et ami, Tom. Tous deux, en l'apercevant, lui adressèrent de grands signes de la main et, aux larges sourires qui illuminaient leurs visages, Leïla comprit qu'elle touchait au but.

Il ne lui restait plus qu'à écrire la suite de son histoire…

Épilogue

« Qu'une vie est heureuse, quand elle commence par l'amour et finit par l'ambition ! »

Cette phrase du philosophe Blaise Pascal résume parfaitement la philosophie de vie de Leïla.

C'est, dans le fond, l'application de tout ce qui nous rend libres, et en paix avec nous-mêmes ! Et, pour y parvenir, il est nécessaire de mettre en place des règles, des principes, et de s'y tenir : ils doivent nous servir de boussoles, de repères. Nous pouvons, alors, les utiliser à chaque instant pour prendre des décisions…

Or, prendre une décision nous permet d'être libres, d'être nous-mêmes !

Cette absence de valeurs personnelles est, aux yeux de Leïla, l'une des plus grosses failles qu'un être humain puisse avoir. Nous sommes responsables de nos actes et, sans valeurs, comment être guidés ? L'honnêteté, la générosité, le dévouement, la rectitude… autant de valeurs qui nous servent de remparts et de guides !

Ce que nous représentons aux yeux de nos proches, de notre famille, de nos amis, est plus important que tout le reste. On s'aime on s'accepte pour qui on est là, à l'instant présent…

Pour Leïla, il ne faut jamais perdre de vue cette personne que l'on veut être, sans prêter attention à ce que les autres pensent. Mais rien n'est figé, on peut évoluer pour une meilleure communication, dans le respect et la tolérance… Ce sont des facteurs de réussite d'une relation humaine. Car notre existence est dans le changement et, surtout, l'évolution permanente : nous apprenons, nous faisons des erreurs, nous en tirons des leçons et nous devenons meilleurs…

Leïla a aussi appris qu'il faut savoir prendre des risques – sans pour autant foncer tête baissée dans les obstacles ! Mais l'objectif est de devenir une meilleure version de soi-même et, toujours, se demander : comment suis-je en train d'évoluer ? Comment vais-je atteindre mes rêves et mes objectifs ?

Elle s'interroge sur les mécanismes de la vie, et aussi sur sa nature. Le quotidien et les obligations nous envahissent, bien sûr, mais nous ne devons pas perdre le fil de nos envies, de nos rêves : ce sont les moteurs qui nous permettent de grandir et d'avancer !

Nous apprenons tous les jours, mais certaines situations sont bien plus instructives que d'autres… Et, aussi étonnant que cela paraisse, ce sont les trahisons, les déceptions qui nous apprennent le plus ! Personne n'a envie d'être confronté à la trahison, à la déception, à la douleur, à la peine… Pourtant, ce sont des étapes indispensables pour notre évolution personnelle. Les événements douloureux nous font grandir et évoluer ; lorsque le bonheur, le bien-être nous maintiennent dans le *statu quo*… Pourquoi voudrait-on changer un état de fait où l'on se sent bien ? Pourquoi prendre des risques quand tout nous semble parfait ?

En nous bousculant, le malheur nous oblige à rentrer en nous-mêmes. Or, lorsque l'on entre dans une véritable intimité avec soi-même, on perçoit notre vulnérabilité, et on en apprend beaucoup plus sur soi, mais aussi sur la vie et sur autrui que tout ce que l'école peut bien nous enseigner ! La peine est un apprentissage des autres et de l'existence…

À travers ses expériences et, surtout, ses déceptions, Leïla s'est posé beaucoup de questions, et elle s'est aussi intéressée au quotidien de toutes ces personnes qui l'avaient trahie… Tous ceux qui l'avaient déçue, qui l'avaient poussée dans des retranchements terribles, quel avait été leur parcours de vie ? La déception ou la trahison dont ils sont coupables envers elle, est-elle le fruit de leurs propres expériences ? Et comment faire pour éviter de tomber dans ce même schéma négatif ?

Sa philosophie est de rester toujours sincère, toujours elle-même, quoi qu'il en coûte. Elle essaie, depuis quelque temps, de mettre ses a priori à l'épreuve. C'est une remise en question de cette petite voix qui la freine plus qu'elle ne la sécurise.

La vie de Leïla montre que notre existence oscille sans cesse entre bonheur et souffrance. On doit faire des efforts constants pour reconnecter la rationalité à ce qui la dépasse ! Elle s'est donné la chance de vivre cette relation avec Allan, pour qui elle a éprouvé, véritablement, un amour inconditionnel. La force de ce sentiment a tout balayé sur son passage… Et la déception a été d'autant plus douloureuse ! C'est auprès de lui qu'elle a aussi beaucoup appris de la vie, de l'amour… Cela lui a permis de changer sa philosophie de vie, de modifier ses a priori.

Le plus important est de savoir quand sortir de table, quand abandonner : lorsque les événements que nous vivons nous « prennent aux tripes », que doit-on faire pour nous en sortir ? Il est indispensable de se poser les bonnes questions ! Pour, enfin, arriver à cette question subsidiaire, qui fera le départage de notre décision. Notre philosophie de vie est en jeu…

Car il nous faut faire tout ce que l'on peut pour la respecter : rester conforme à nos valeurs, à ce que nous sommes, à ce que nous voulons être ! C'est là tout l'enjeu de l'histoire de Leïla avec Allan : prendre des risques pour se confronter à l'autre, ne pas rester dans sa « zone de confort » et avoir le courage de tenter sa chance… sans se laisser, pour autant, amoindrir, ou devenir quelqu'un d'autre !

Car, s'il est vrai que l'amour l'emporte souvent sur la raison, on ne doit pas être aveuglé si aucune lueur d'espoir n'existe…

Présentation de l'auteur

Paulette Valcourt est née en Haïti, où elle a vécu ainsi qu'au Canada. Diplômée en Gestion financière informatisée au Collège Delta de Montréal et en gestion d'entreprise supervision et comptabilité (Hautes études commerciales de Montréal HEC, Université de Montréal), elle a également suivi le cursus de l'IHEID, l'Institut de hautes études internationales et du développement de l'Université de Genève. Elle est titulaire d'une Maîtrise en gestion de projet de l'Université Quisqueya en Haïti. Ses missions pour des organisations internationales, dont les Nations Unies, l'ont amenée à parcourir le Globe : Panama, Suisse, Canada, et de nombreux pays africains… Elle est également la fondatrice de la Fondation Désir d'Haïti et de son cabinet de gestion.

À ce jour, elle est l'auteur de son autobiographie : *Le prix de la paix du cœur*, qui sera bientôt disponible en version complète, et de deux romans : *Un amour inexpliqué* (tomes I et II). Et, bientôt, la fin de la trilogie avec *Un amour inexpliqué* (tome III – Renaître) !

Sa page auteur Facebook :

facebook.com/Paulette.valcourt.romanciere/

Son site d'auteur :

paulettevalcourt.com/

La page Facebook de son cabinet de gestion :

facebook.com/Cabinet-de-Gestion-PDV-348216806428584

Sa page auteur sur Amazon :

amazon.fr/~/e/B08HDKZ54M